Schatzkammer Dachschiefer

Die Lebenswelt des Hunsrückschiefer-Meeres

Folgende Leihgeber stellten für die Dauer der Ausstellung wertvolle Originalfossilien
oder Maschinen und Werkzeuge zur Verfügung:

Schieferwerk Fa. Johann & Backes, Bundenbach
Schieferwerk Fa. Rathscheck & Söhne, Mayen
Schloßparkmuseum Bad Kreuznach

Unser besonderer Dank gilt allen Leihgebern für ihre Kooperationsbereitschaft
und Unterstützung

Schatzkammer Dachschiefer

Die Lebenswelt des Hunsrückschiefer-Meeres

Bildkatalog zur Sonderausstellung im

Naturhistorischen Museum Mainz /
Landessammlung für Naturkunde
Rheinland-Pfalz
Deutschen Bergbau-Museum Bochum
Städtischen Museum Giessen

C. Bartels & H. Lutz (Texte)
W. Blind (Röntgenfotos)
A. Opel (Oberflächenfotos)

Mainz u. Bochum
1997

CIP-Titelaufnahme der Deutschen Bibliothek

Bartels, Christoph / Lutz, Herbert / Blind, Wolfram / Opel, Astrid:
Schatzkammer Dachschiefer : Die Lebenswelt des Hunsrückschiefer-Meeres / Christoph Bartels,
Herbert Lutz, Wolfram Blind, Astrid Opel. - 1. Aufl. - Mainz u. Bochum: Landessammlung für Natur-
kunde Rheinland-Pfalz u. Deutsches Bergbau-Museum Bochum, 1997
ISBN 3-00-001556-6

Redaktion: Dr. F. O. Neuffer, Dr. C. Bartels, Dr. H. Lutz
Layout und Satz: Dr. H. Lutz
Fotos: A. Opel, Prof. Dr. W. Blind, Prof. Dr. W. Stürmer †
Grafik: D. Woelfel, Th. Engel
Gesamtherstellung: Druckerei Pretty Print, Mainz

Herausgeber und Verlag: Landessammlung für Naturkunde Rheinland-Pfalz
                           Reichklarastr. 10
                           D-55116 Mainz
                           Telefon: 06131 - 122646

                           und

                           Deutsches Bergbau-Museum Bochum
                           (Veröffentlichungen aus dem Deutschen Bergbau-Museum Bochum Nr. 68)
                           Am Bergbaumuseum 28
                           44791 Bochum
                           Telefon: 0234 - 58770

Inhalt

Zur Ausstellung 7

Vom Dachschiefer 7

Alter und Verbreitung der Dachschiefer 8

Der Ablagerungsraum der Dachschiefer 9

Lebensraum, Tod und Einbettung 9

Entstehung der Fossilien 10

Schieferbildung 10

"Figuren" im Dachschiefer - Die Fossilien 12

Die Schätze im erdgeschichtlichen Archiv der Dachschiefer 14

Die Pflanzenwelt 17

Die Tierwelt 18

Schwämme, Korallen und andere Bodenbewohner 18

Weichtiere 20

Borstenwürmer 23

Stachelhäuter 25

Schlangensterne 25

Seesterne 33

Seelilien 40

Weitere Stachelhäuter 48

Gliederfüsser 50

Trilobiten 50

Trilobitenähnliche 56

Asselspinnen 62

Pfeilschwanzkrebse 64

Neufunde 65

Panzerkrebse 68

Fische 70

Präparation der Funde 76

Röntgenuntersuchungen 78

Abbildungsnachweise 80

Weiterführende Schriften 82

Quellennachweise 82

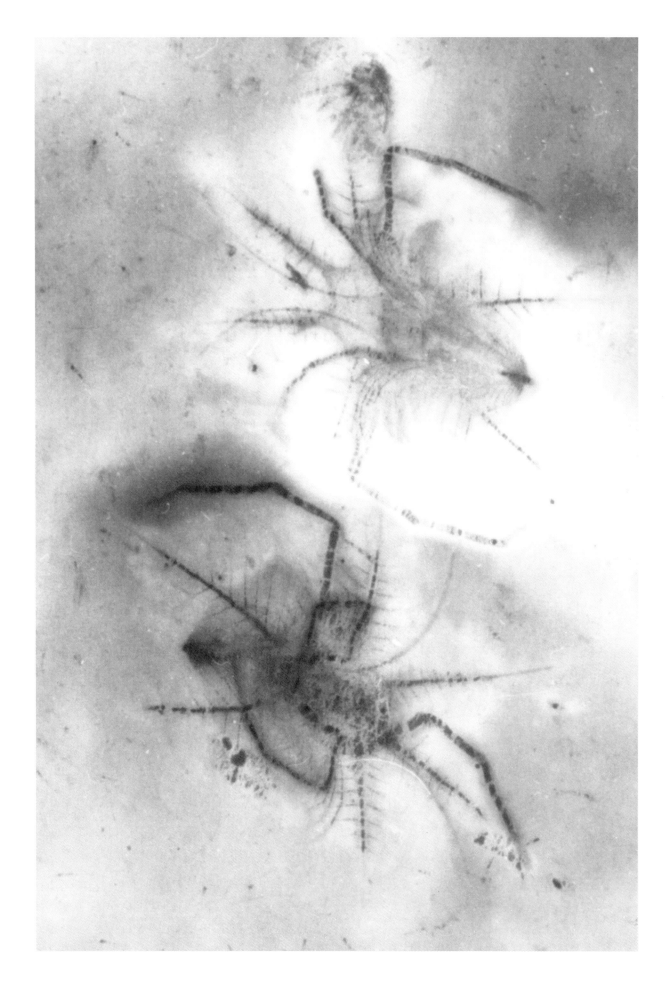

Abb. 1: *Mimetaster hexagonalis.* Durchmesser ca.25 mm.

Zur Ausstellung

Die Ausstellung "Schatzkammer Dachschiefer" präsentiert keine wissenschaftliche Abhandlung über dieses erdgeschichtlich so interessante Material. Bewußt haben wir die außergewöhnliche Schönheit und die Kostbarkeit der Funde in den Mittelpunkt gestellt. Am Anfang aller Beschäftigung mit naturkundlichen Themen steht das Staunen über seltene, außergewöhnliche Objekte. Es war über lange Zeit hinweg nur eine kleine Zahl interessierter Sammler und spezialisierter Wissenschaftler, die die Funde der letzten Jahre bestaunen und untersuchen konnten. Nun ist es an der Zeit, die Fundstücke der breiten Öffentlichkeit zugänglich zu machen.

Vom Dachschiefer

Schieferdächer und mit Schiefer verkleidete Fassaden sind überall im Rheinischen Schiefergebirge und seiner Umgebung typisch für die Ortsbilder. Besonders für die Bauten der Zeit vom Mittelalter bis zum Beginn unseres Jahrhunderts verwandte man ihn häufig. Darüber hinaus nutzte man ihn vielfach besonders für Repräsentationsbauten wie Kirchen, Schlösser, Klöster, städtische Patrizierhäuser usw. Selbst weit entfernte Gegenden, wie z.B. die Niederlande, waren schon vor mehr als 150 Jahren ein bedeutendes Exportgebiet für Dachschiefer aus dem Hunsrück. Nicht unerwähnt bleiben darf seine Verwendung zur Herstellung von Schreibtafeln. Bis Mitte der 60er Jahre unseres Jahrhunderts haben wohl alle Schulanfänger ihre ersten Schreibversuche auf Dachschiefertafeln gemacht.

Schon seit der Römerzeit wurde das Material im ganzen Rheinischen Schiefergebirge in zahlreichen kleinen Dachschiefergruben gewonnen. Mit dem Zeitalter der Eisenbahn und seinen verbesserten Transportmöglichkeiten entstanden, bevorzugt in der Nähe der Schienenwege, größere Bergwerke mit bis zu 300 Mann Belegschaft. Um 1900 erlangte die Dachschiefergewinnung ihre größte Ausdehnung.

Da er ausgezeichnete Isolationseigenschaften hat und sich in optisch ansprechender Weise auch in moderne Bausubstanz einfügt, steigt die Nachfrage nach Dachschiefer seit etwa 20 Jahren kräftig an. Allerdings kommt ein großer Teil des Rohmaterials heute aus Spanien und wird in Deutschland nur noch endverarbeitet.

Nur im Rahmen der Gewinnung und Verarbeitung werden die im Dachschiefer überlieferten Fossilien geborgen; die ältesten bekannten Aufsammlungen datieren aus der ersten Hälfte des 19. Jahrhunderts. Insbesondere die Dachschiefervorkommen im Hunsrückraum bilden eine wahre erdgeschichtliche Schatzkammer. Seit gut 20 Jahren sind technische Veränderungen in der Schiefergewinnung der Hebung dieses Schatzes sehr zugute gekommen: Im Hunsrück ging man in den beiden dort allein noch produzierenden Gewinnungsbetrieben vom Bergwerksbetrieb unter Tage zum Tagebau über. Damit verbesserten sich die Beobachtungsmöglichkeiten entscheidend, und so gelang eine ganze Reihe spektakulärer Neufunde. Vor allem diese sind Gegenstand unserer Ausstellung.

Weil die Dachschiefergewinnung die Schätze des Schiefers überhaupt erst erschlossen hat und erschließt, ist sie Teil unserer Ausstellung.

Alter und Verbreitung der Dachschiefer

Das Staunenswerteste an den hier gezeigten fossilen Zeugen ehemaligen Lebens ist vielleicht die Tatsache, daß sie überhaupt den unvorstellbaren Zeitraum von rd. 390 Jahrmillionen überdauern konnten (Abb. 2). Als im Erdzeitalter des Devon die Überreste von Meeresbewohnern in Schlick am Grunde des Meeres eingebettet wurden, der heute zu Schiefer geformt ist, begannen die Pflanzen gerade eben das feste Land zu erobern.

Die Erde war sowohl in der Verteilung der Kontinente und der Ozeane als auch hinsichtlich der Landoberflächen vollkommen verschieden von dem uns vertrauten Bild des heutigen Globus (Abb. 3). Das Fehlen einer Pflanzendecke auf dem Festland gestattete Wind und Wasser eine ungehinderte Abtragung der Oberfläche der Kontinente, so auch der des sich damals im Norden des heutigen Rheinischen Schiefergebirges erstreckenden Riesenkontinentes *Laurussia*, dessen Südküste als *Old Red Festland* bezeichnet wird. Benannt wurde diese Festlandsmasse nach rotgefärbten, unter Wüstenbedingungen abgelagerten Schichten. Die Küstenlinie verlief seinerzeit etwa auf der Höhe von Essen über Aachen nach Namur.

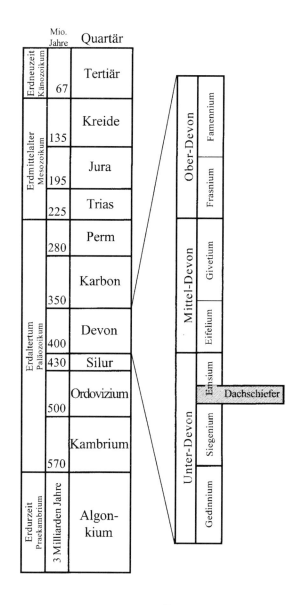

Abb. 2: Stratigraphische Übersicht. Die Dachschiefer entstanden im Unterdevon vor ca. 390 Mio. Jahren (nach NEUFFER et al. 1996).

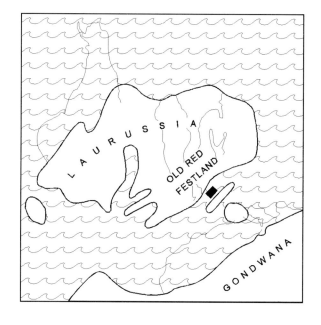

Abb. 3: Verteilung der Kontinente und Ozeane zur Zeit des Unterdevon. Das Verbreitungsgebiet der Dachschiefer ist durch ein schwarzes Rechteck markiert (nach RISTEDT 1994).

Der Ablagerungsraum der Dachschiefer

Dem *Old-Red-Festland* vorgelagert war ein Schelfmeer. Etwa am Südrand des heutigen Schiefergebirges befand sich der Kontinentalhang. Der Grund dieses Meeres war in absinkende Becken sowie höhergelegene Schwellen gegliedert, die ungefähr parallel zur Küste verliefen. Vom *Old Red Festland* wurden über Flußsysteme riesige Massen von Abtragungsschutt in dieses Schelfmeer transportiert und in weit ausgreifenden fächerförmigen Schüttungen am Meeresboden angehäuft. Das grobere Material setzte sich in erster Linie in Küstenähe ab, während die feinen Schwebstoffe weiter hinaus getragen und im Flachmeer des äußeren Kontinentalschelfs abgelagert wurden. Bodennahe Strömungen verfrachteten den so entstandenen Schlamm weiter, Stürme mit ihren tiefreichenden Wellen (Grundseen) setzten den Anteil des Schlamms, der sich auf den Schwellenbereichen des Meeresbodens abgelagert hatte, erneut in Bewegung. Großräumige, ruckartige Bewegungen der Erdkruste entlang tiefreichender Störungen führten zum Absinken grabenartiger Strukturen. Damit einher gingen, nicht anders als gegenwärtig am Rhein, mehr oder weniger heftige Erdbeben. Diese lösten dort, wo sich in Böschungsbereichen instabile Schlammschichten angehäuft hatten, Rutschungen und regelrechte Schlammströme aus, die bereichsweise den Meeresboden verschütteten.

Dies bedeutet, daß sich in diesen Meeresbecken der feine Schlamm nicht gleichmäßig über Jahrtausende oder gar Jahrmillionen hinweg angesammelt hat. Vielmehr wurden Phasen relativ ruhiger und kontinuierlicher Sedimentation immer wieder von turbulenten Ereignissen unterbrochen.

Lebensraum, Tod und Einbettung

Wie insgesamt der Boden des Schelfmeeres boten auch diese von immer wiederkehrenden Verschüttungsereignissen betroffene Flächen zahlreichen, frei beweglichen oder auch fest an günstigen Plätzen siedelnden Meeresbewohnern Lebensraum. Ereignisse, die das schlammige Sediment in großen Mengen in Bewegung setzten, aufwirbelten und andernorts wieder abluden, führten allerdings immer wieder zum Absterben eines Teils dieser Bodenbewohner. Dies geschah sowohl dort, wo sich der Schlamm in Bewegung setzte, als auch dort, wo er in großen Mengen wieder abgelagert wurde. Der aufgewirbelte Schlamm verstopfte die Atmungsorgane mancher Tiere, festsitzende Organismen wurden schlichtweg begraben, wieder anderen fehlte die Kraft sich aus dem Schlamm wieder zu befreien. So waren der rasche Tod zahlreicher Organismen und deren sofortige Einbettung die Folge solcher Vorgänge. Zumeist aber herrschten eher ruhige Verhältnisse am Meeresboden, die eine rasche Wiederbesiedelung der neu gebildeten Schlammflächen erlaubten. Manche Regionen im Bereich dieser Meeresbecken waren aufgrund ihres Reliefs recht häufig von solchen Verschüttungsereignissen betroffen. In anderen waren sie eher selten oder traten bloß als außergewöhnliche Ausnahme auf. Weite Bereiche blieben sogar völlig verschont.

Derartigen für die Lebewesen katastrophalen Verschüttungsereignissen verdanken wir die "Schätze" im Schiefer. Der plötzliche Tod und die damit verbundene Einbettung im sehr feinkörnigen Schlamm innerhalb von wenigen Stunden gaben die wichtigsten Bedingungen für die erdgeschichtliche Archivierung der Lebewesen ab.

Entstehung der Fossilien

Normalerweise werden Organismen nach dem Absterben rasch durch Aasfresser, Bakterien usw. zerstört und zersetzt. Davon betroffen sind zunächst die Weichteile, so daß die widerstandsfähigeren Hartteile wie Schalen, Knochen, kalkige Platten, Stacheln usw. ihren ursprünglichen Zusammenhalt verlieren. Diese werden dann meist über das Sediment verstreut und günstigstenfalls isoliert in den Schlamm eingebettet.

Anders bei den Lebewesen, die rasch verschüttet wurden. Diese bleiben meist in ihrem ursprünglichen anatomischen Zusammenhang. Mehr noch: der einbettende Schlamm schloß sie rasch vom Kontakt mit Sauerstoff ab und schuf Sonderbedingungen, unter denen die gewöhnlichen Zersetzungs- und Zerfallsprozesse nicht stattfinden konnten. Besondere chemische Bedingungen knapp unterhalb der Oberfläche des Schlammbodens erlaubten es, daß selbst Weichteile wie Haut, Muskulatur und innere Organe nicht aufgelöst sondern durch widerstandsfähige Minerale ersetzt wurden. Wir kennen diese komplizierten Prozesse, an denen auch Mikroben beteiligt waren, noch nicht in allen Einzelheiten. Wir wissen jedoch, daß in derartigen Schlammböden Bakterien existierten, die nicht Sauerstoff sondern schwefelhaltige organische Verbindungen und in Wasser gelöstes Eisen für ihre Energieversorgung nutzen. Sie wandelten viele der verschütteten Lebewesen in feinkristallines, gelbliches Schwefeleisen um. Dergestalt zunächst vor dem sonst üblichen Verfall geschützt, verblieben sie im Sediment und wurden mit der langsamen Setzung und Entwässerung der sich mehr und mehr aufhäufenden Ablagerungen flachgepreßt.

Abb. 4: In die Dachschiefer eingeschaltete Feinsandlagen mit zahlreichen widerstandsfähigen Fossilien (Tentakuliten, Brachiopoden, Korallen) dokumentieren Verschüttungsereignisse. Ausschnitt 150 x 150 mm.

Schieferbildung

Ehe sie aber bei der Gewinnung des Dachschiefers erneut ans Tageslicht treten konnten, gingen erdgeschichtliche Vorgänge von unvorstellbarer Dauer und unter Einwirkung gewaltiger Kräfte über sie hinweg. Im Steinkohlenzeitalter (Karbon; 350 - 280 Mio.) führten weltweite Verschiebungen der Kontinente dazu, daß *Gondwana* (*Ur-Afrika*) von Süden her an den Ur-Kontinent *Laurussia* im Norden herangeschoben wurde (Abb. 3). Der einstige Meeresbereich verschwand, die dort abgelagerten Schichten wurden unter enormem Druck zunächst in die Tiefe gepreßt, verfaltet (Abb. 5), zerbrochen, stark erhitzt und in ihrem inneren Gefüge zum Teil verändert (Metamorphose).

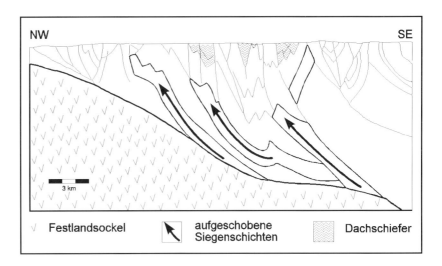

Die Tongesteine, die aus den Schlammablagerungen hervorgegangen waren, hatten hier ein besonderes Verhalten. Unter dem hohen Druck veränderte sich ihr inneres Gefüge; wie ein Teigklumpen begannen sie in sich zu "fließen". Dadurch wurden die winzigen, den Ton aufbauenden Partikelchen in eine neue, vom Druck diktierte Ordnung gebracht. Ton besteht zu einem hohen Anteil aus winzigen Blättchen von Glimmer. Sie reicherten sich unter dem hohen Druck zu feinsten Lagen an. Längs dieser

Abb. 5: Stark vereinfachter Querschnitt durch das Rheinische Schiefergebirge etwa zwischen Mosel und Hunsrück-Südrand. Die im Devon und Unter-Karbon gebildeten Meeresablagerungen wurden im Ober-Karbon von dem nach Norden driftenden Superkontinent Gondwana unter den Festlandsockel gedrückt (subduziert), teils aber auch schuppenförmig (siehe Pfeile) auf diesen aufgeschoben und verfaltet. Dabei entstand das mächtige Variskische Gebirge. Seit dem Perm wurde dieses Hochgebirge sukzessive abgetragen. Heute ist es völlig eingeebnet und wird seit etwa zwei Millionen Jahren verstärkt wieder herausgehoben (nach DITTMAR 1996).

Lagen kann heute das Gestein in Schieferplatten zerlegt werden. Normaler Tonstein dagegen, der die Druckbeanspruchung nicht erfahren hat, zerbricht in ganz unregelmäßige Brocken.

Die Umwandlung der Tongesteine mitsamt den eingeschlossenen Lebewesen unter Hitze und Druck zu Schiefer schuf eine neue Vorbedingung für unsere Schatzfunde: da die Gesteine durch die Druckbeanspruchung geradezu durchgeknetet wurden, vielfach gefaltet, gegeneinander verschoben usw. (Abb. 5) durchschneiden die Schieferungsflächen das Gestein ohne irgendeine regelmäßige Orientierung an der einstigen Schichtung durch Ablagerung. Allein die Lage des gefalteten Materials zum angreifenden Druck im "Schraubstock" zwischen den Kontinenten entschied über den Verlauf der Schieferflächen, längs denen heute das Material zu Dachschiefer

gespalten wird. Das Gestein konnte daher nur ausnahmsweise in eine Lage geraten, in der die Schieferflächen ungefähr parallel zu den ehemals bei der Ablagerung gebildeten Schichtflächen verlaufen. Nur wo das der Fall ist, können die Lebewesen des Devonmeeres auf den Schieferplatten noch einigermaßen unversehrt gefunden werden. Sind die Flächen dagegen nicht parallel, so werden eingelagerte Versteinerungen bei der Verarbeitung durch den Spaltvorgang zertrümmert.

Aber damit immer noch nicht genug. Der Faltung der Gesteine folgte unter fortgesetzter Bewegung der Kontinente ihre Hebung zu einer den Alpen ähnlichen Gebirgskette (*Variskisches Gebirge*). Wie alle Gebirge unterlag sie der Abtragung, die so lange fortschritt, bis dieses Gebirge wieder zu einer hügelig gewellten Fläche eingeebnet war. Vor rund 60 Millionen Jahren waren diese

Abtragungsvorgänge des Gebirges abgeschlossen, und es wurde teilweise neuerdings vom Meer überdeckt, weil sich Bereiche des ehemaligen Gebirges relativ zum Meeresniveau wieder absenkten. Die Reste des Gebirges verbargen sich als "Rumpf" unter der Oberfläche. Dieser Rumpf wurde anschließend erneut angehoben, dadurch konnte die Verwitterung wieder angreifen, und allmählich entstand die heutige Gestalt des Rheinischen Schiefergebirges.

Die Schiefer werden an der Oberfläche durch Verwitterung leicht zermürbt und bilden heute die gewellten Hochflächen, während Sandsteine und aus ihnen entstandene Quarzite mehr Widerstand leisteten und als Höhenrücken herausmodelliert wurden. Bäche und Flüsse schnitten in den Untergrund ein, und mancherorts legten sie die Reste jener zu Schiefer umgewandelten Tongesteine frei, die aus dem Schlamm entstanden. Hier konnte der Mensch auf diese Steine zugreifen, die sich in dünne Platten spalten lassen und deshalb für Dächer, Plattenverkleidungen von Fassaden aber auch Schreibtafeln so geeignet sind. Die Geologen bezeichnen die etwa gleichalten Schiefervorkommen in Hunsrück und Taunus, Südost-Eifel und südwestlichem Westerwald zusammengenommen als Formation des Hunsrückschiefers (Abb. 6). Mit ihrer Gewinnung und technischen Verwertung als *Moselschiefer* (aus dem Raum Mayen/Eifel), *Hunsrückschiefer* (aus dem Mittelhunsrück), *Kauber Schiefer* (vom Mittelrhein) schließt sich der gewaltige Bogen, der unsere Tage mit dem Meer des Devon verbindet. Es ist wie überall, wo seltene, kostbare Dinge gefunden werden: Daß sie heute entdeckt werden können, ist dem Zusammenwirken einer ganzen Kette von glücklichen Zufällen der Erdgeschichte zu verdanken. Der Dachschiefer stellt ein Fenster in die ferne Vergangenheit unserer Lebensregion dar. Er gestattet einen detailreichen Blick in eine längst vergangene Zeit, zu der im Devonmeer, neben bizarr anmutenden, inzwischen ausgestorbenen Formen, bereits auch zahlreiche Ahnen heutiger, uns vertrauter Organismen lebten.

"Figuren" im Dachschiefer - Die Fossilien

Früher bezeichnete man die Gesamtheit der aus dem Boden herausgegrabenen oder -gehauenen Dinge als "Fossilien", abgeleitet aus dem lateinischen Begriff für "ausgraben". Bis heute hat sich der Begriff verengt auf die Überreste ehemaligen Lebens, die bei solchen Tätigkeiten gefunden werden.

Die Schieferbrecher aber haben einen anderen, poetischeren Namen für diese Funde geprägt: "Figuren". Und wirklich sind die Fundstücke den vielen Bildszenen vergangener Jahrhunderte ähnlich, mit denen man wichtige Ereignisse, die biblische Geschichte, die erstaunlichen Dinge und Lebewesen fremder Welten dargestellt hat. Nicht nur, weil sie so selten, so ungewöhnlich und so informativ für eine ferne Vergangenheit sind, sondern auch weil es unmittelbar wirkende, die unendlich lange Zeitspanne für die Phantasie nahezu aufhebende Bilder sind, erlangten die Fossilien des Schiefers Weltruhm. Diese Bezeichnung "Figuren" erfaßt zugleich das Fremde, Geheimnisvolle hinter den steingewordenen Abbildungen.

Plötzliche Verschüttung hat, wie gesagt, die vielfach filigranen, wie zu Bildern arrangierten "Schätze des Schiefers" anfangs entstehen lassen. Die außergewöhnliche Schönheit der Funde ergibt sich besonders aus diesem Umstand. Die Fundstücke wirken vielfach wie Momentaufnahmen aus einer fernen Vergan-

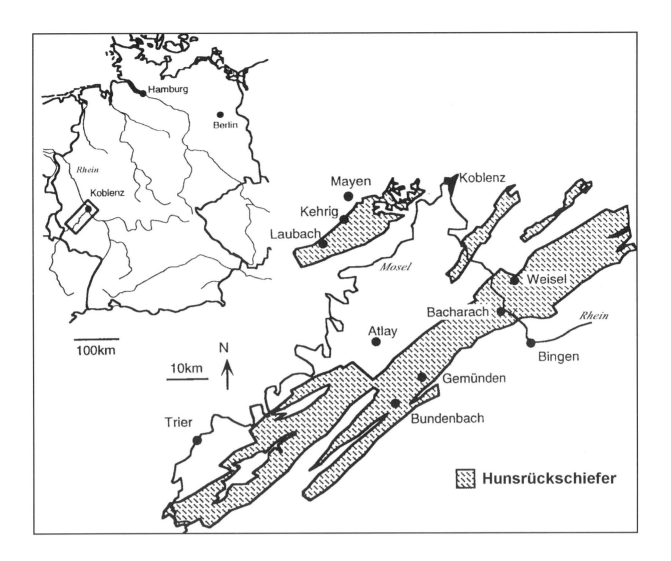

Abb. 6: Heutige Verbreitung der Dachschiefer, wie sie sich aus der Auffaltung und Abtragung des Rheinischen Schiefergebirges ergibt (nach BARTELS, BRIGGS & BRASSEL [im Druck]).

genheit. Oft scheint es, als seien die lebendigen Aktivitäten der Tierwelt angehalten und wie eingefroren aufbewahrt. Die See- und Schlangensterne scheinen noch über die Oberfläche der Schieferplatten zu kriechen, die blumenartigen Seelilien, einzeln oder in Gruppen, sehen aus, als schwebten sie fast schwerelos, Krebstiere vermag man sich unschwer als im Wasser schwimmend oder über den Meeresboden laufend vorzustellen. Dieser ungewöhnliche ästhetische Reiz geht darauf zurück, daß der Schlamm die Bodenbewohner offenbar oft regelrecht umfloß und sie in ihrer Stellung fixierte, in der sie noch Momente zuvor aktiv gewesen waren. Allerdings wäre es ein großer Irrtum zu glauben,

dies sei die gewöhnliche Überlieferungsweise; jeder Rest vergangenen Lebens in diesen Gesteinen finde sich in diesem Zustand, man brauche vielleicht nur hinzugehen, und in den Schiefersteinen solche Kostbarkeiten aufzulesen. Die so wunderschön erhaltenen Fossilien sind auch da, wo sie "gehäuft" vorkommen, äußerst selten. Hinter dem zusammengetragenen Ausstellungsmaterial stehen zahllose Arbeitsstunden der Schieferbrecher und gewaltige Mengen an losgebrochenem und verarbeitetem Schiefergestein. Da wurden mehrere hunderttausend Kubikmeter Gestein bewegt. Findet ein Schieferspalter bei seiner Arbeit über ein Jahr hinweg, in dem er mehrere hundert Tonnen verarbeitet und viele tausend

Quadratmeter Gesteinsoberfläche aufdeckt, zehn wirklich gute, wohlerhaltene und ausstellungswürdige Stücke, dann hat er großes Glück gehabt. Viele der Beschäftigten in den Schieferbetrieben haben, auch in den Fundzentren um Bundenbach und Gemünden im Hunsrück, Jahre erlebt, in denen ihnen nicht eines der begehrten Stücke in die Hände gefallen ist.

Der Fund einer fast türgroßen Platte mit etwa 100 Schlangensternen der Gattung *Furcaster*, wie wir sie in unserer Ausstellung zeigen, ist in der ganzen Geschichte des Schieferbergbaus in den insgesamt mehr als 600 kleinen und großen Schiefergruben nur einmal gelungen. Ein einziges, vielleicht vergleichbares Stück, insgesamt kleiner, aber mit größerer Häufung der Schlangensterne, gelangte ins Staatliche Museum für Naturkunde in Karlsruhe. Was die Ausstellung zeigt und in diesem Katalog an Beispielen abgebildet ist, stellt Stück für Stück Einmaliges dar. Die Fülle und Vielfalt repräsentiert ein Vierteljahrhundert Alltagsarbeit und Finderglück bei der Gewinnung und Verarbeitung von hunderttausenden Kubikmetern Gestein.

Die Schätze im erdgeschichtlichen Archiv der Dachschiefer

Nicht weniger als 264 Arten und Unterarten der Tierwelt des Devonmeeres, sechs vom Land her eingespülte Pflanzenarten und 46 Arten und Unterarten von Sporen primitiver Pflanzen, die der Wind eingeweht hat, sind bis heute bekannt geworden. Und trotz dieser Fülle warten Neufunde, die noch nirgends zuvor aufgetreten sind, auf ihre Bearbeitung. Einige dieser Stücke sind - wissenschaftlich noch namenlos - in unserer Ausstellung präsent. Auch die Spuren von Lebewesen hat der feinkörnige Schlamm fossil bewahrt, Schreit-

spuren urtümlicher Krustentiere, Bewegungs- und Ruhespuren von Fischen, Sterntieren und ungezählte Grabgänge von wurmförmigen Organismen und kleineren Krebstieren, die den Schlamm durchwühlten. Einige wenige zeugen offenbar von dem vergeblichen Versuch, der Verschüttung durch den Schlamm zu entgehen: am Ende der Spur befindet sich der Organismus, der sie erzeugte.

Abb. 7: Drei Seelilien (*Hapalocrinus innoxius*) und ein Schlangenstern (*Eospondylus primigenius*) wurden plötzlich vom Schlamm verschüttet. Durchmesser des Schlangensterns 85 mm.

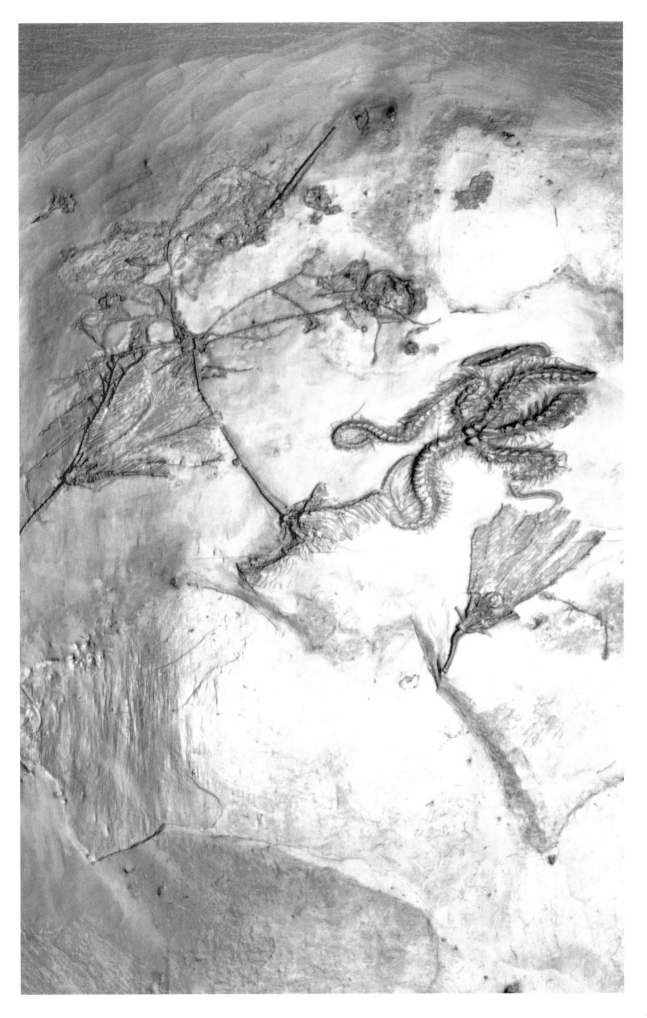

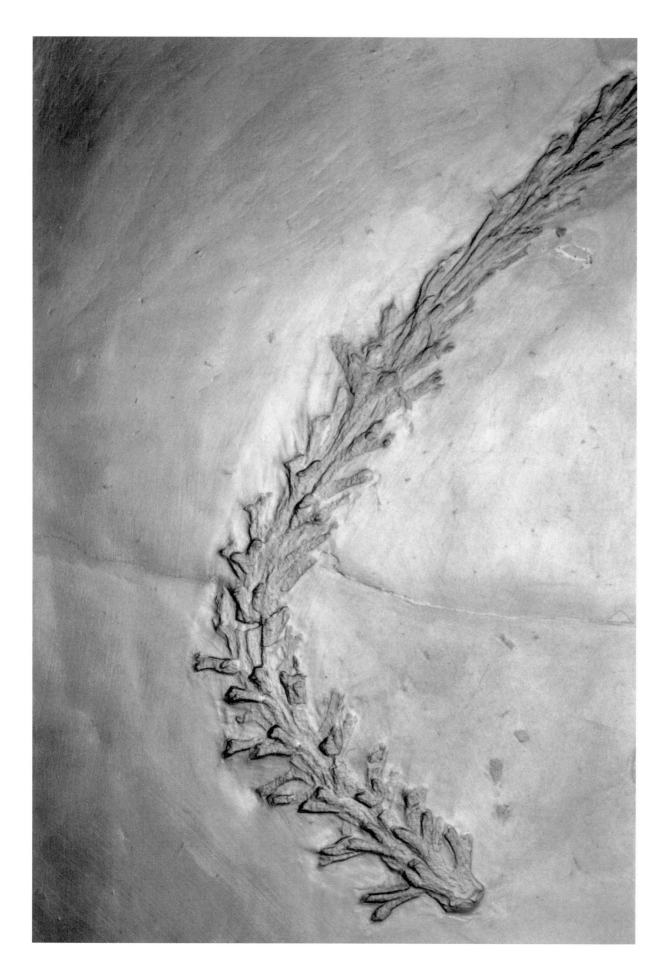

Abb. 8: Sproßteil einer noch nicht beschriebenen Pflanze. Bemerkenswert an diesem bislang einzigartigen Neufund sind die rundum ausgebildeten, blattartigen Organe. Länge 280 mm.

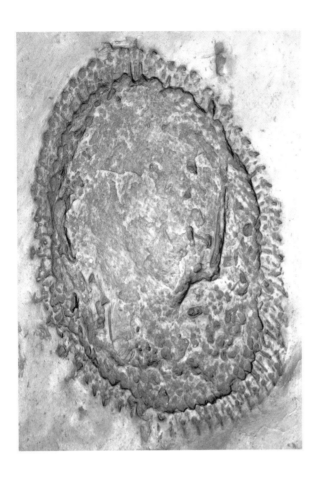

Abb. 9: Algenkissen *Receptaculites*. Durchmesser ca. 170 mm.

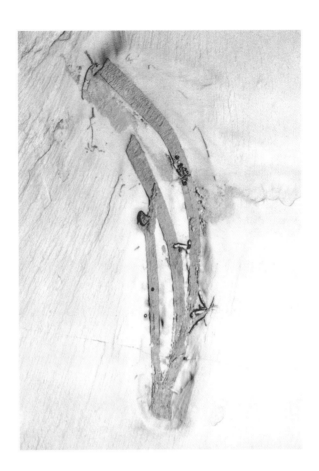

Abb. 10: Pflanzenrest, noch unbestimmt. In der Mitte der bandförmigen Sprosse erkennt man die Leitbündel. Länge 137 mm.

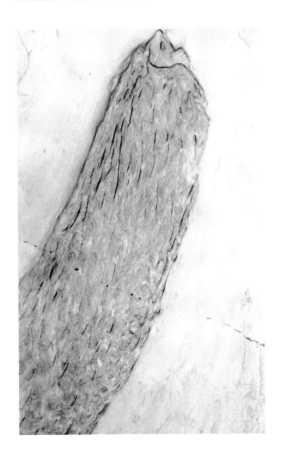

Abb. 11: Bärlappgewächs, noch unbestimmt. Länge 120 mm.

Die Pflanzenwelt

Pflanzen werden im Hunsrückschiefer nur selten gefunden. Dies liegt zum einen daran, daß meist nur unscheinbare Fragmente überliefert sind, die man leicht übersieht. Zum anderen besitzen die meisten unterdevonischen Pflanzen nur eine entfernte Ähnlichkeit mit heutigen Formen. Eigentümlich gebaute Algenkissen (*Receptaculites*) und tangartige Rotalgen (*Prototaxites*) repräsentieren die Wasserpflanzen. Sumpf- und Landpflanzen sind durch die urtümlichen Nacktpflanzen (Psilophyta: *Taeniocrada, Psilophyton* und *Trimerophyton*) sowie einen ersten Vertreter der Bärlappgewächse (Lycopodiales) vertreten.

Die Tierwelt

Schwämme, Korallen und andere Bodenbewohner

Die Schlammgründe des Hunsrückschiefer-Meeres waren nicht gleichförmig besiedelt. Es gab weite Schlickflächen mit nur geringfügiger Aktivität von größeren Lebewesen. Dann wieder wurde ein Areal durch Strömungsverhältnisse, Nahrungsangebot und durch chemisch-physikalische und biologische Gegebenheiten, die heute kaum mehr rekonstruierbar sind, für die Besiedelung begünstigt. Auch hier bildete das Bodenleben keinen wimmelnden zoologischen Garten. Hier und da steckte eine hornförmige Runzelkoralle im Schlamm. Wo der Untergrund nicht allzu weich war, bot er, eventuell auf Algenmatten, Schnecken und Muscheln, Brachiopoden und Röhrenwürmern Siedlungsgrund.

Zu den auffälligen Erscheinungen unter den Fossilien zählen große Kieselschwämme. Ihre vasen- oder sackförmigen Hohlkörper besaßen ein Stützskelett aus langen, gebündelten kieseligen Fasern, die ein Netzwerk von horizontalen Stützringen und vertikalen Verstrebungen bildeten. Das Skelett hatte eine Struktur wie ein reusenförmiges Netz mit quadratischen bis rechteckigen Maschen. Die vertikalen Stützfasern vereinigten sich am unteren Pol der "Reuse" zu einem Faserschopf, mit dessen Hilfe der Organismus sich im Schlickboden verankerte. Auf manchen Flächen scheinen diese Schwämme kolonieartig gesiedelt zu haben. Gelegentlich spülte die Strömung Schlangensterne in die Schwammnetze hinein, die dort festgehalten und bei starker Schlammschüttung mitsamt den Kieselschwamm-Skeletten eingebettet wurden. Heute erscheinen uns die Schlangensterne wie in einem Netz gefangen (Abb. 13).

Landläufig als Schwämme angesehene Überkrustungen, oft auf langgestreckten Schalen von Tintenfischverwandten, sind netzartige Kalkskelette von Korallenkolonien, die diese Schalen besiedelten. Ihre Oberfläche mit dem Korallenbewuchs ähnelt einem porigen Schwamm, daher die Verwechselung (vgl. Abb. 20).

Abb. 12: Schwamm (*"Protospongia"* sp.) und zwei Schlangensterne. Höhe 142 mm.

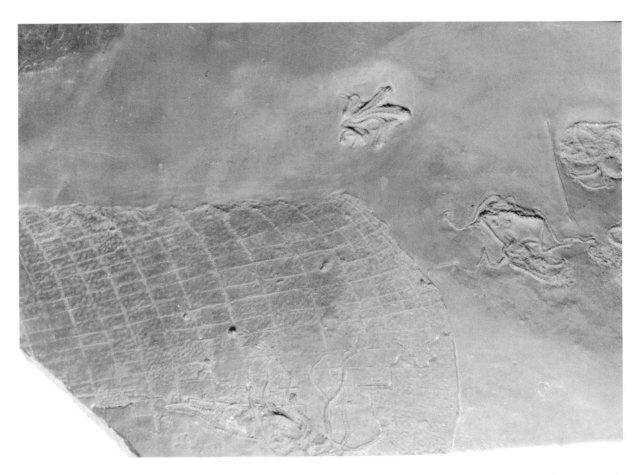

Abb. 13: Schwamm der Gattung "*Protospongia*" mit eingespülten Schlangensternen (*Furcaster*). Länge des Schwammfragmentes 185 mm.

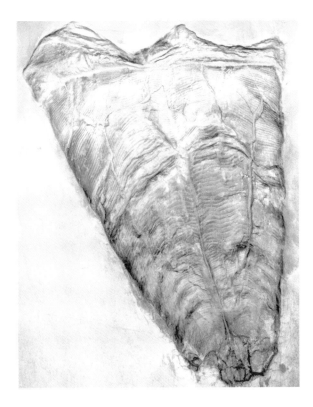

Abb. 14: Runzelkoralle, nicht näher bestimmt. Freigelegt ist die Oberfläche des Kelches mit ihren strahlenförmig angeordneten Trennwänden. Durchmesser 51 mm.

Abb. 15: Conularie. Höhe 126 mm.

Weichtiere

Die Kalkschalen von z.B. Muscheln und Schnecken wurden nach dem Absterben ihrer Bewohner vielfach rasch chemisch aufgelöst, weil das schlammige Milieu sehr arm an Kalk war, im Schlamm selbst bildeten sich kalklösende Säuren. Deshalb sind Funde von Muscheln, Schnecken, Brachiopoden und anderen Schalen eher selten, schlecht erhalten und unscheinbar.

Ammoniten - vom pfennigkleinen Exemplar bis hin zu wahren Wagenrädern - zählen mit ihren meist spiralig gerollten, vielfach verzierten Schalen zu den bekanntesten und beliebtesten Fossilien überhaupt. Es sind Tintenfische (Cephalopoda) und nicht etwa Schnecken. Im Erdmittelalter waren die in der Ober-Kreide (67 Mio.) ausgestorbenen Ammoniten **die** typischen Bewohner der Meere, und die Wissenschaft nutzt ihre häufigen und sehr differenzierten Schalen zur Gliederung der Schichten. Was im Jura Süddeutschlands und der Kreide Westfalens oder Niedersachsens so ungemein charakteristisch ist, hat seine Ursprünge im Unterdevon. In den Dachschiefern ist sozusagen die "Kinderstube" dieser Großgruppe dokumentiert.

Mit einiger Wahrscheinlichkeit hat sich die Spiralform der Ammoniten aus Vorläufern mit geradegestreckter, spitzkonischer Schale entwickelt. In den Schiefern ist die Schale zwar schon als Spirale ausgebildet, aber die Windungen umschließen einander meist nicht, wie später üblich, sondern die Spirale ist noch offen (Abb 19), oder die Windungen berühren einander gerade eben.

Häufiger als die Ur-Ammoniten sind gestreckte "Geradhörner" der Sammelgruppe *Orthoceras* (Abb. 20). Dies sind Vorläufer der heute noch

lebenden Perlboote (*Nautilus*). Die ältesten Vertreter der Nautiloideen kennt man bereits aus dem Ober-Kambrium (ca. 510 Mio.). Auch ihre Schale ist in Kammern unterteilt. Die vorderste, größte dieser Kammern beherbergte den Körper. Von dieser "Wohnkammer" durchzog ein Gewebestrang die gekammerte Schale bis zum Hinterende. Über dieses Organ wurden die Kammern mit Verdauungsgasen gefüllt und der Gasdruck - und damit der Auftrieb der Tiere - geregelt. Es handelt sich bei den Cephalpoden sozusagen um die U-Boote des Tierreichs.

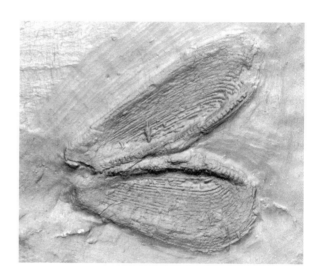

Abb. 16: Doppelklappige Muschel *Ctenodonta* sp. Länge 56 mm.

Abb. 17: Muschel *Puella* sp. in Pyriterhaltung. Durchmesser 66 mm.

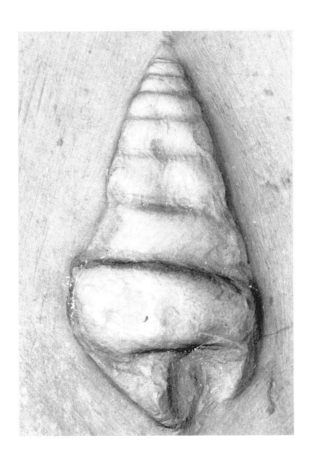

Abb. 18: Schnecke, nicht näher bestimmt.
Höhe 22 mm.

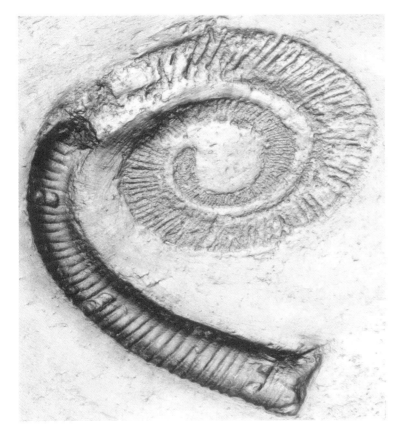

Abb. 19: "Ur-Ammonit" *Anetoceras* sp. Die Wohnkammer
blieb unverdrückt. Durchmesser 72 mm.

Abb. 20: Unbestimmter Kopffüsser
aus der Verwandtschaft der Gattung
Orthoceras. Diese Gruppe ist we-
sentlich häufiger als die spiralig auf-
gerollten Arten. Bei der waben-
artigen "Oberflächenskulptur" handelt es sich um Korallenbewuchs.
Nicht überwachsene Exemplare
sind meist schlechter erhalten.
Länge 255 mm.

Abb. 21: Ein sogenanntes "Füllhorn aus dem Hunsrückschiefer". Fünf Seelilien (3 *Hapalocrinus* sp. und 2 *Parisangulocrinus*) haben sich an einer auf dem Meeresboden liegenden Schale eines Geradhorns ("*Orthoceras*") festgeheftet. "Füllhörner" sind die eindrucksvollsten - wenn auch seltensten - Beispiele für diese Lebensweise. Höhe 380 mm.

Borstenwürmer

Zu den großen Seltenheiten im Fossilbericht gehören Funde von Würmern im weiteren Sinne. Die Gründe dafür liegen auf der Hand. Von winzigen Borsten einmal abgesehen, die einige Gruppen besitzen, bestehen diese Tiere nur aus einem Haut-Muskel-Schlauch, der nach dem Tode rasch und vollständig von Mikroorganismen zersetzt wird. Diese Tiere hinterlassen normalerweise also keine überlieferungsfähigen Hartteile, wie z.B. Muscheln, Stachelhäuter oder auch Gliederfüßer. In den vergangenen Jahren gelangen nun - dank Röntgentechnik - einige wenige Funde in den Dachschiefern. Sie zeugen von den zeitweilig und sicher auch nur lokal auftretenden ungewöhnlichen Fossilisationsbedingungen am Grunde des Hunsrückschiefermeeres.

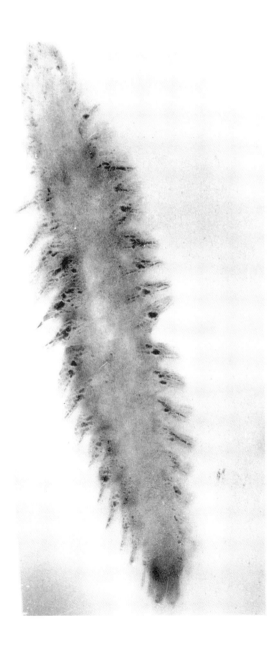
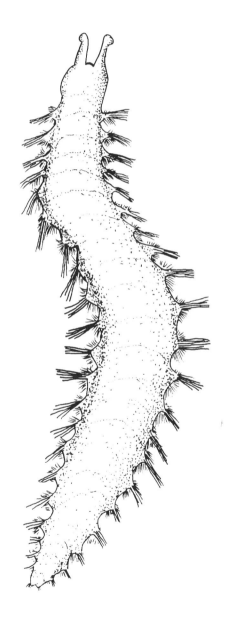

Abb. 22: Borstenwurm (*Bundenbachochaeta eschenbachensis*). a) Röntgenaufnahme des Holotypus, b) Rekonstruktion. Dieses Tier verfügte über keinerlei mineralisierte Hartteile. Seine Überlieferung mit zahlreichen Einzelheiten der Anatomie demonstriert die ungewöhnlichen Erhaltungsbedingungen im Milieu der schlammigen Meeresböden. Länge 48 mm.

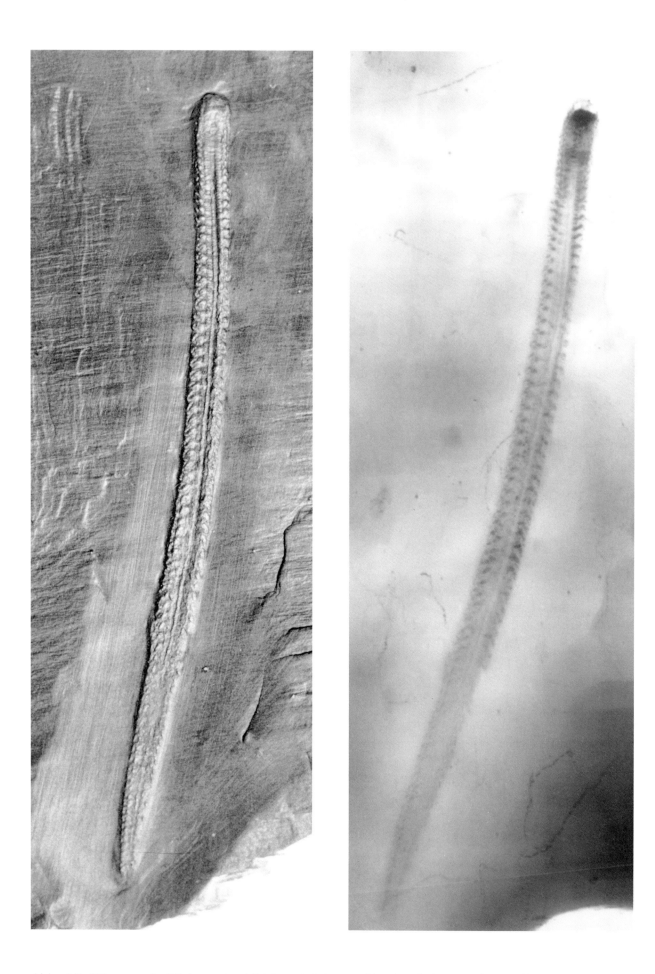

Abb. 23: Wissenschaftlich noch nicht beschriebener Neufund einer weiteren Borstenwurm-Art. Seine Form erinnert an manche unserer heutigen Tausendfüsser. a) Original, b) Röntgenaufnahme. Länge 86 mm.

Stachelhäuter (Echinodermata)

Seesterne, Schlangensterne, Seelilien, Seeigel, Seegurken und einige weniger bekannte, heute ausgestorbene Gruppen bilden zusammen den Stamm der Stachelhäuter (Echinodermata). Charakteristisch sind - neben einer meist 5-strahligen Symmetrie - ein aus zahlreichen Kalkplättchen bestehendes, von einer derben Haut überzogenes "Außen"skelett und ein auf hydraulischen Prinzipien basierendes Fortbewegungssystem (Ambulacralsystem).

Manche der fossilen Stachelhäuter sind uns aus den Meeren der Gegenwart wohlbekannt, so die Seesterne und Schlangensterne. In ihrem anatomischen Bau und ihrer Lebensweise unterscheiden sie sich wenig von den entsprechenden Tieren, die heute an den Meeresküsten angespült werden.

Schlangensterne

Gelegentlich bedecken die grazilen Schlangensterne in Massen eine Schichtfläche; das bisher spektakulärste Fundstück dieser Art konnte 1996 in der Schiefergrube Eschenbach-Bocksberg bei Bundenbach geborgen und für die Bestände der Landessammlung für Naturkunde Rheinland-Pfalz am Naturhistorischen Museum Mainz gesichert werden. Es ist in der Ausstellung vertreten. Man hat bisher 23 verschiedene Arten der grazilen, oft mit langen feinen Stacheln geschmückten Schlangensterne gefunden. Ein besonders prächtiger Vertreter dieser Gruppe ist der normalerweise im Schloßparkmuseum in Bad Kreuznach ausgestellte zehnarmige

Kenterospondylus (Abb. 36). Außer diesem, schon vor dem 2. Weltkrieg gefundenen Exemplar wurde bis heute nur ein weiteres Stück dieser Art geborgen. Gewaltige Ausmaße erreicht ein anderer Vertreter *Cheiropteraster.* Stücke von bis zu einem halben Meter Durchmesser wurden gefunden. Viele der Schlangensterne zeichnen sich durch sehr großen Wuchs aus. Neben der Artenvielfalt belegt dies, daß diese Tiergruppe ungewöhnlich günstige Lebensbedingungen vorgefunden hat.

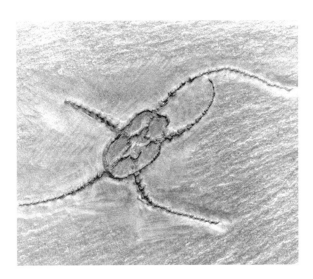

Abb. 24: Kleinwüchsiger Schlangenstern (*Ophiurina lymani*) mit wohlerhaltener Körperscheibe. Durchmesser 46 mm.

Abb. 25: Drei Schlangensterne (*Furcaster palaeozoicus*) mit hautbedeckter Körperscheibe. Sie war wahrschenlich kissenförmig aufgebläht. Bildausschnitt ca. 90 x 140 mm.

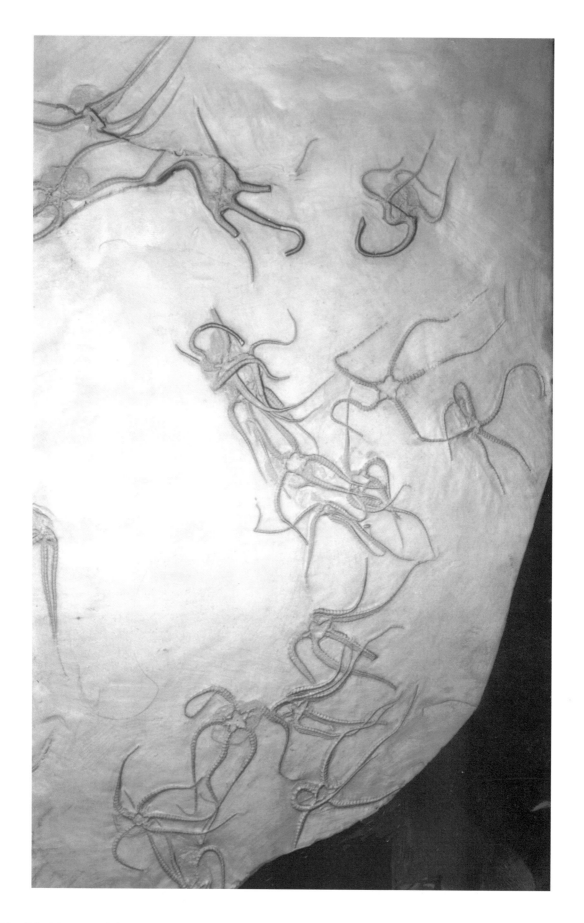

Abb. 26: Masseneinbettung von Schlangensternen der Art *Furcaster palaeozoicus*. Durchmesser der Exemplare ca. 50 mm. Die Präparation des in der Ausstellung gezeigten Jahrhundertfundes einer ca. 0.8 x 1.8 m großen Platte mit fast 100 Exemplaren dieser Art war erst wenige Tage vor Ausstellungseröffnung abgeschlossen. Sie konnte deshalb bei der Katalogerstellung leider nicht mehr berücksichtigt werden.

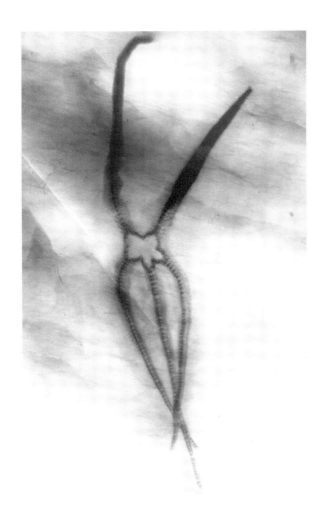

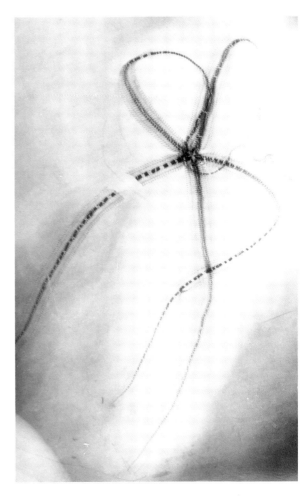

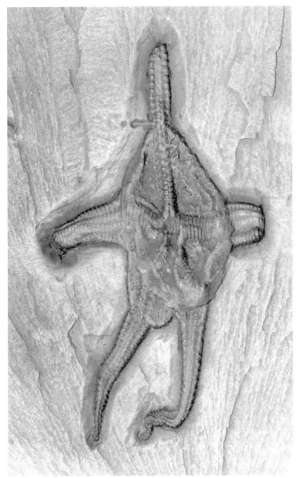

Abb. 27 (o.l.): Schlangenstern (*Furcaster decheni*) im Röntgenbild. Seine Lage zeigt den Einfluß von Wasserströmung. Die zwei stark geschwärzten Arme weisen Überkrustungen mit Pyrit auf. Durchmesser 224 mm.

Abb. 28 (o.r.): Die Röntgenaufnahme des Schlangensterns *Protasteracanthion primus* läßt feinste anatomische Details sichtbar werden. Es handelt sich um eines der seltensten Fossilien im Hunsrückschiefer. Durchmesser 160 mm.

Abb. 29 (u.l.): Schlangenstern *Encrinaster roemeri*. Auf der Oberseite der Körperscheibe fehlt ein Teil der Hautbedeckung. Dies gibt den Blick auf das Mundskelett und die Arme innerhalb der Körperscheibe frei. Durchmesser 105 mm.

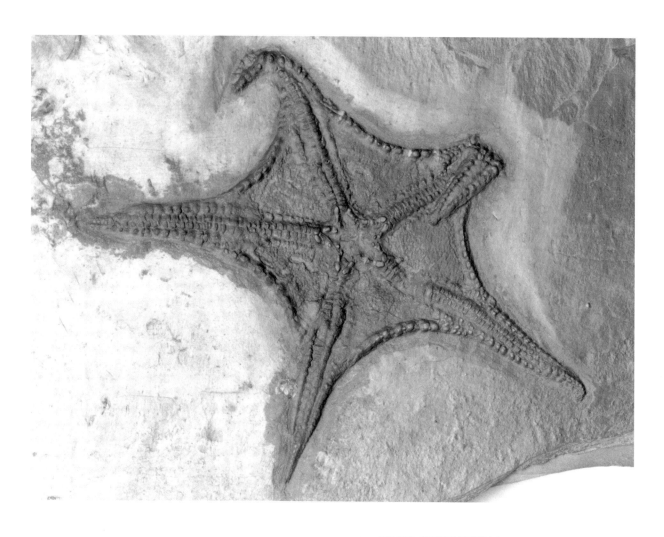

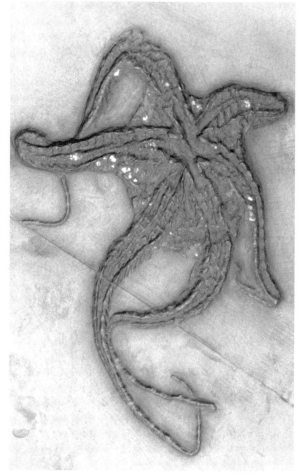

Abb. 30 (o.): Schlangenstern *Euzonosoma tischbeinianum*. Charakteristisch für diese Art sind die kräftigen Skelettplatten an den Rändern der Arme und als Einfassung der Körperscheibe. Diese Art wird vergleichsweise häufig gefunden. Benannt wurde die Art von Ferdinand Roemer, dem ersten Bearbeiter von Hunsrückschieferfossilien, zu Ehren des Herrsteiner Oberförsters Tischbein, der die ersten Funde zur Verfügung stellte. Durchmesser 126 mm.

Abb. 31 (r.): Schlangenstern *Taeniaster beneckei* mit der abnormalen Anzahl von 6 statt 5 Armen. Durchmesser 65 mm.

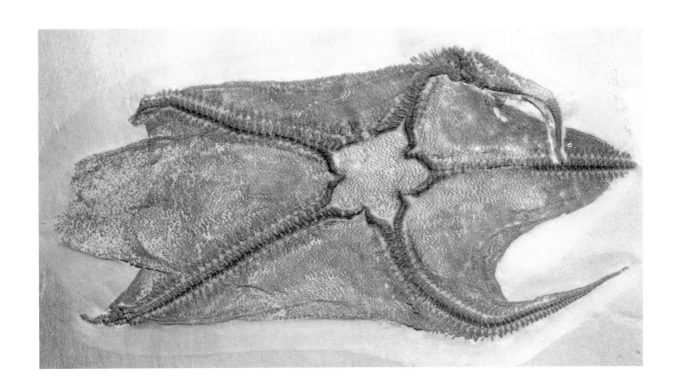

Abb. 32: Der größte Schlangenstern der Dachschiefer, *Cheiropteraster giganteus*, erreichte Durchmesser bis 50 cm. Besondere Kennzeichen sind ein großes, rosettenförmiges Mundfeld und eine von Armspitze zu Armspitze gespannte Haut, in die zahlreiche Kalkkörperchen eingelagert sind. Wahrscheinlich war der Körper kissenförmig aufgewölbt. Breite 190 mm.

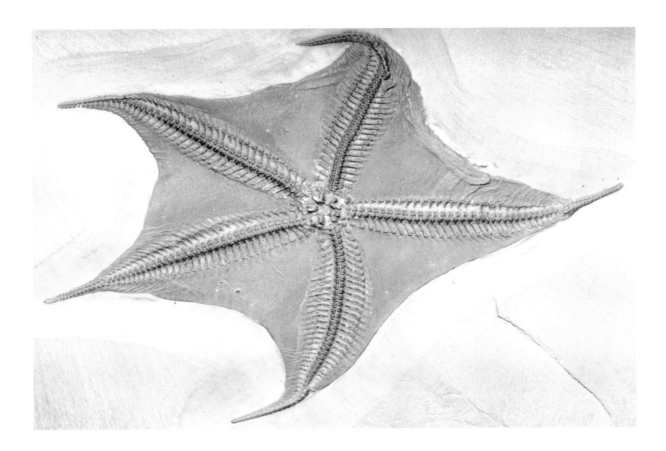

Abb. 33: Perfekt erhaltenes Exemplar des Schlangensterns *Loriolaster mirabilis*. Auch diese Art besitzt eine bis an die Armspitzen reichende Haut und ähnelt insofern *Cheiropteraster*. Durchmesser 139 mm.

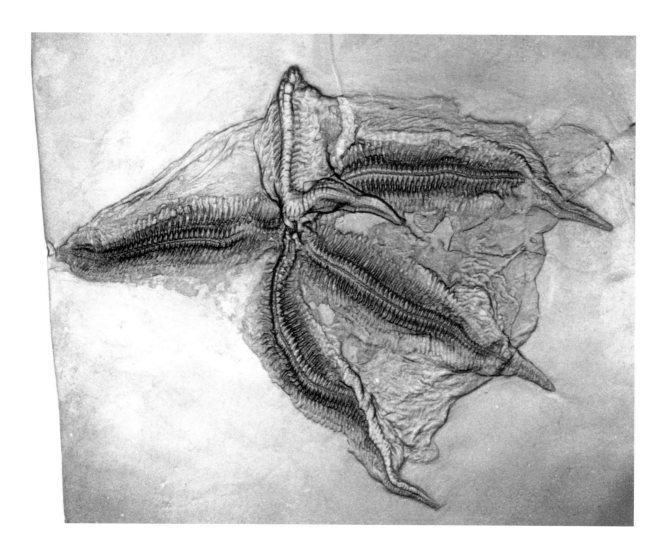

Abb. 34: Schlangenstern *Loriolaster mirabilis*. Die Deckhaut der Körperscheibe ist teilweise in Verwesung übergegangen. Durchmesser 190 mm.

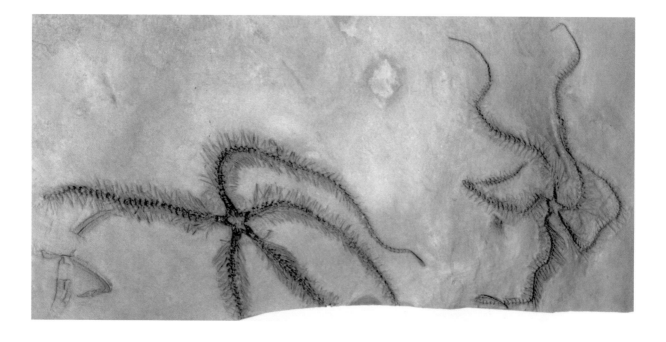

Abb. 35: Schlangenstern *Eospondylus primigenius*. Beide Exemplare zeigen die starke Bestachelung der Arme in herausragender Erhaltung. Durchmesser ca. 160 und 120 mm.

Abb. 36: Der 10-armige Schlangenstern *Kenterospondylus decadactylus* ist nur in zwei Exemplaren bekannt. Bei dem abgebildeten Stück handelt es sich um den Holotypus. Höhe 215 mm.

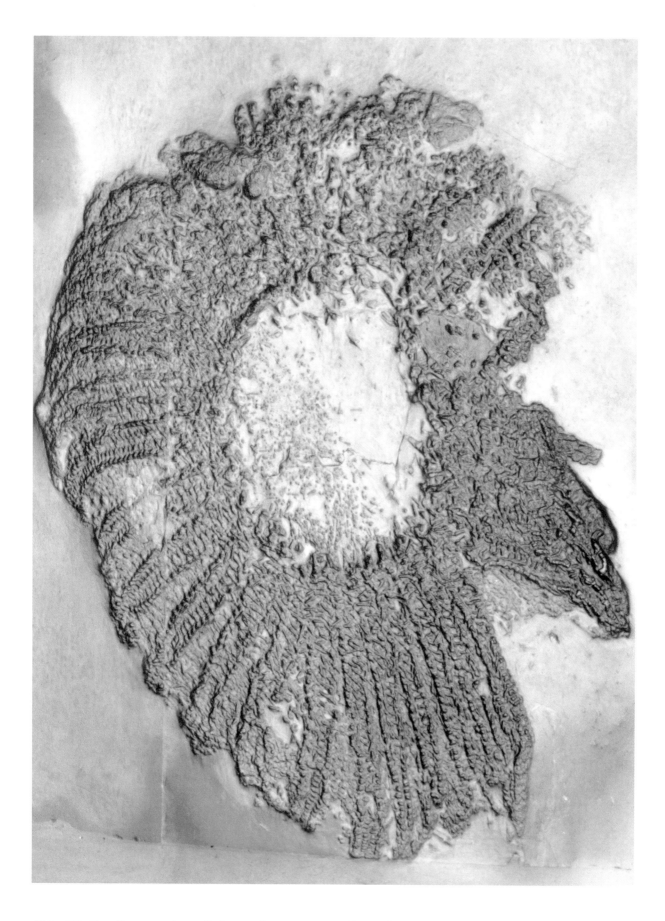

Abb. 37: Der Sonnenstern *Palaeosolaster gregoryi* besaß eine individuell variable Armzahl. Ihre Zahl schwankte zwischen 25 und 29. Der rechte obere Bereich zeigt bereits erster Zerfallserscheinungen. Durchmesser 215 mm.

Seesterne

Seesterne unterscheiden sich von den Schlangensternen schon oberflächlich betrachtet durch das Fehlen einer von den Armen abgesetzten Körperscheibe. Weitere Unterschiede liegen darin, daß sich Seesterne nahezu ausschließlich mit Hilfe von lang ausstreckbaren Saugfüßchen, sogenannten Ambulacralfüßchen, fortbewegen. Ihre Arme spielen aufgrund der meist geringen Beweglichkeit eine geringere Rolle. Schlangensterne kriechen und klettern dagegen mit ihren langen, sehr beweglichen Armen, die zudem noch bewegliche Stacheln und Klebedrüsen tragen. Die Ambulacralfüßchen haben bei ihnen die Rolle von Tastorganen übernommen. Seesterne besitzen in Zentrum der Oberseite eine Afteröffnung und randlich eine siebartige Madreporenplatte, die die Verbindung des Ambulacralsystems mit dem umgebenden Seewasser herstellt. Den Schlangensternen fehlt dagegen eine Afteröffnung, so daß die Nahrungsrückstände durch die Mundöffnung ausgeschieden werden müssen. Ihre Madreporenplatte liegt auf der Unterseite der Körperscheibe.

Zu den sehr seltenen Funden zählen die vielarmigen Sonnensterne (Abb. 42). Die häufigeren Arten werden in allen Wachstumsstadien gefunden: Von kaum daumennagelgroßen Jungtieren bis zu ausgewachsenen Exemplaren von 15-20 cm Durchmesser sind alle Größen vertreten. Daran ist abzulesen, daß die Tiere ihren ganzen Lebenszyklus im Milieu der schlammigen Meeresböden verbrachten.

Abb. 38: Der Seestern *Palaeostella solida* im Röntgenbild. Im Schlick grabende Organismen haben um den Stern herum dünne Kotschnüre hinterlassen. Da diese in Pyrit umgewandelt wurden, werden sie durch das Röntgen ebenfalls sichtbar. Durchmesser 100 mm.

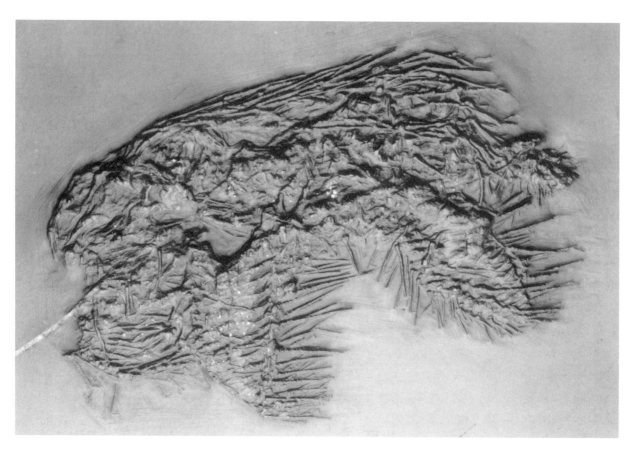

Abb. 39: Der Seestern *Hystrigaster horridus* in Seitenlage. *Horridus* bedeutet "der Schreckliche". Lehmann, der Erstbeschreiber dieser Art, vergab 1957 diesen Namen aufgrund der extremen Bestachelung. Breite 105 mm.

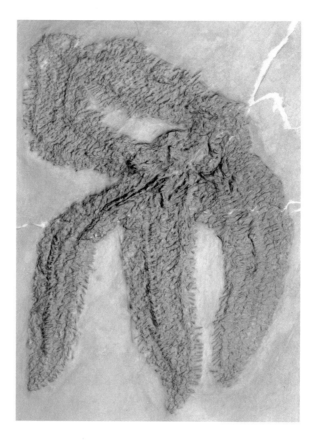

Abb. 40: Seestern *Urasterella asperula*, bauchseitig. Gut erkennbar ist die Armbestachelung. Durchmesser 98 mm.

Abb. 41: *Echinasterella sladeni.* Dieser Seestern besitzt im Vergleich zu *Hystrigaster* weniger auffällige Stacheln. Durchmesser 126 mm.

Abb. 42: Der zu den Seesternen gehörende "Sonnenstern" *Helianthaster rhenanus* besitzt 16 Arme. Die freigelegte Bauchseite veranschaulicht den regelmäßigen Skelettbau. Im sternförmigen Mundfeld zeigt die Deckhaut der Körperscheibe kleine, knotenförmige Kalkeinalgerungen. Durchmesser 136 mm.

Abb. 43: Der 15-armige Seestern *Medusaster rhenanus* mit wohlerhaltener Bestachelung der Arme sieht den Sonnensternen *Helianthaster* recht ähnlich, ist jedoch gewöhnlich sehr viel kleiner. Durchmesser 94 mm.

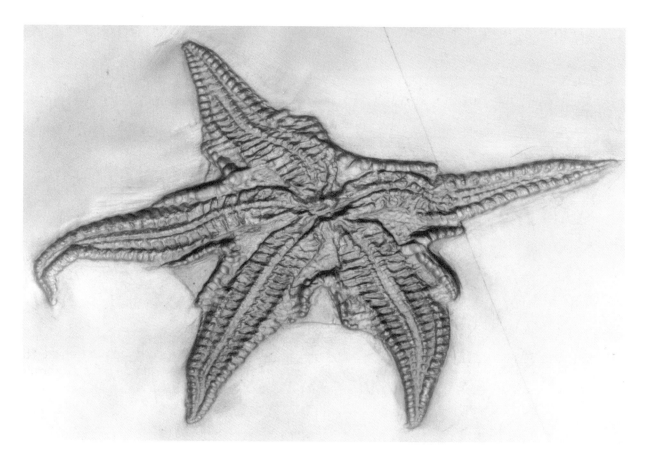

Abb. 44: Schlangenstern. Noch unbeschriebener Neufund; vermutlich verwandt mit *Euzonosoma*. Durchmesser 127 mm.

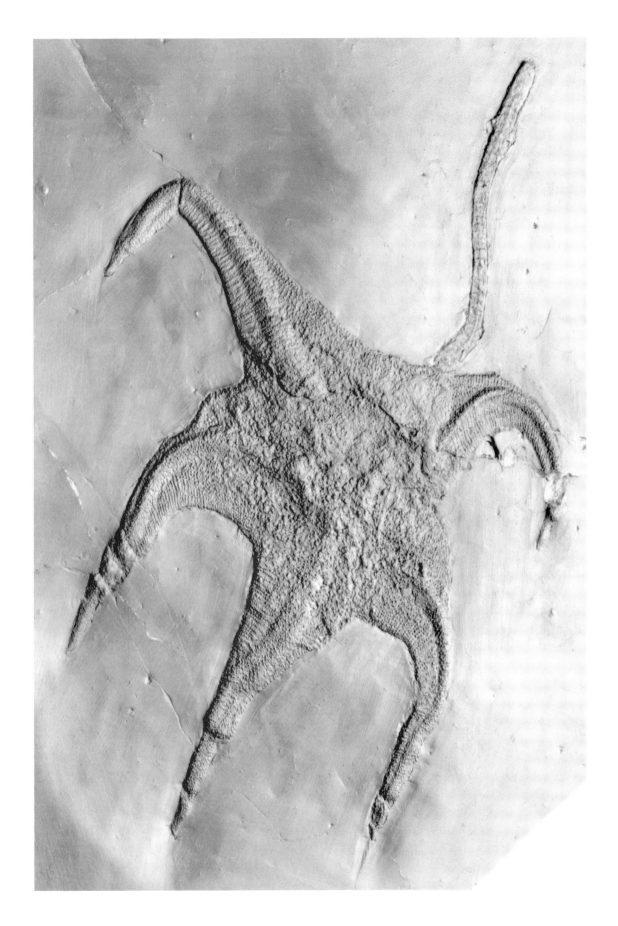

Abb. 45: Der Seestern *Palasteriscus devonicus* zählt zu den seltensten Vertretern seiner Verwandtschaftsgruppe und zugleich zu den größten Formen in den Dachschiefern. Die Lage der Arme wurde durch Strömung beeinflußt. Sehr schön überliefert ist die fein gekörnte Oberflächenstruktur. Es war bislang nicht zu klären, worum es sich bei der bandförmigen, in die rechte obere Bildecke verlaufenden Struktur handelt. Durchmesser 232 mm.

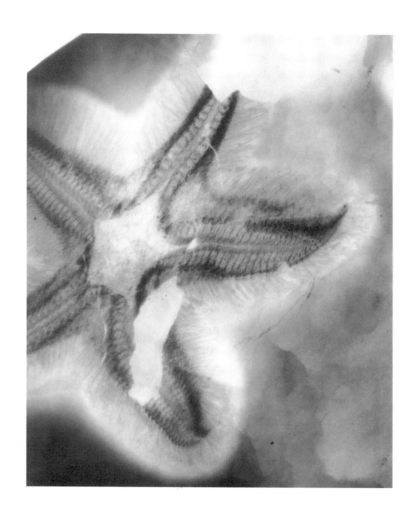

Abb. 46: Röntgenaufnahme von *Erinaceaster spinosissimus*. Dieser Stern besitzt ein besonders dichtes Stachelkleid. Durchmesser 132 mm.

Abb. 47: Detail einer Oberflächenaufnahme des gleichen Exemplares von *Erinaceaster spinosissimus*.

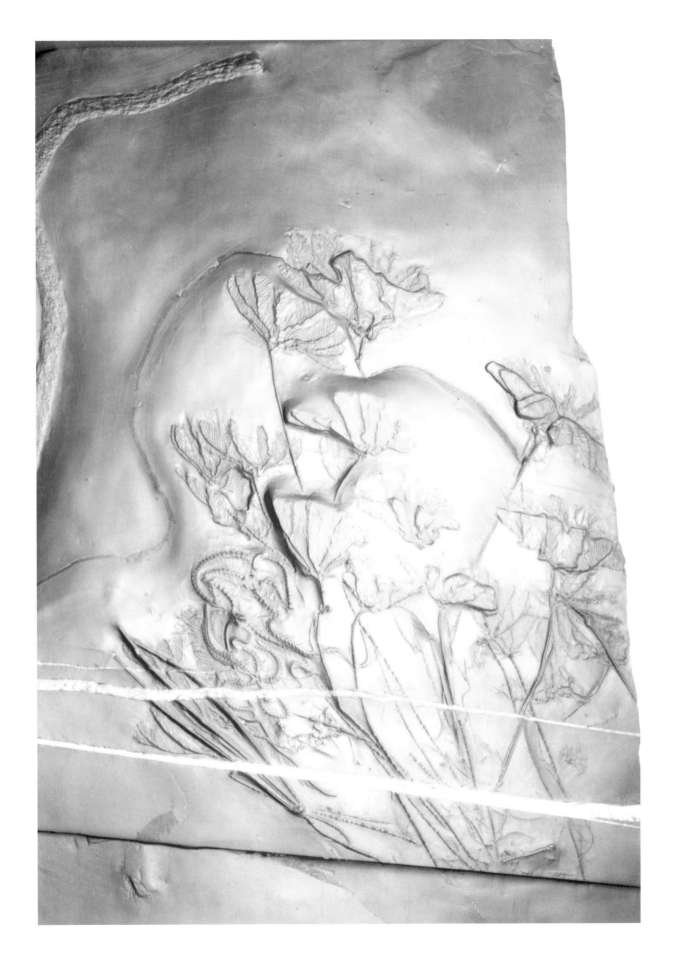

Abb. 48: Seelilien der Gattung *Hapalocrinus*. Links unten liegen eine Krone der Seelilie *Triacrinus elongatus* und zwei Schlangensterne der Art *Eospondylus primigenius*. Größe der Platte ca. 400 x 500 mm.

Seelilien

Seelilien (Crinoida) gehören, wie die Trilobiten, zu den häufigsten Fossilien des Hunsrückschiefers. Die Artenzahl der Seelilien überschreitet die der Dreilappkrebse bei weitem. Eine genaue Artenzahl läßt sich derzeit nicht angeben, da einerseits eine Revision der bislang bechriebenen Arten überfällig ist und andererseits in den letzten Jahren Stücke geborgen wurden, die den beschriebenen Arten nicht zuordenbar sind. Sehr wahrscheinlich handelt es sich um für die Wissenschaft neue Arten oder auch Gattungen.

Seelilien zählen zu den schönsten Funden. Ihr Name nimmt Bezug auf die blumengleiche Gestalt. Oft treten sie wie kunstvoll arrangierte Sträuße in Erscheinung, auch hier mit Exemplaren ganz verschieden in der Größe. Trotz ihrer an Blumen erinnernden Gestalt handelt es sich um Tiere, die u.a. mit den Schlangensternen und Seesternen eng verwandt sind. Wie diese haben sie meist fünf Arme, die sich allerdings oft verzweigen können, so daß eine regelrechte Krone entsteht. An den Armen entsprangen vielfach feine Seitenverzweigungen, so daß die gesamte Krone wie ein aufgespannter Fächer beschaffen ist. Meist waren die Kronen der Seelilien mit langen, dünnen, beweglichen Stielen am Grund verankert. Dieser grazile Bau erlaubte es den Organismen, in der wohl stets am Meeresboden vorhandenen leichten Strömung fast schwerelos zu schweben (Abb. 49). Die Krone formte einen siebartigen Fächer, das hindurchströmende Wasser bildete zahllose kleine Verwirbelungen, die kleine Nahrungspartikel in den Bereich der Arme gelangen ließ. Sie bildeten an der Innenseite zum zentral gelegenen Mund hinweisende Furchen aus, in denen die Nahrung "eingefangen" und zum Mund geleitet werden konnte. Neben dieser filigranen Form kommen auch robustere, mit recht dicken Stielen und kräftigen Armen ausgestattete Seelilien vor (Abb. 55). Möglicherweise waren diese Tiere auf eine anders geartete Ernährungsweise eingestellt. Vielleicht war es aber auch eine Anpassung an stärkere Strömung. Die Unterschiedlichkeit der Formen kündet davon, daß der Lebensraum viele Nischen für differenzierte Lebensweisen bereithielt.

Die Seelilien lassen einen Grundzug der fossilen Tierwelt des Schiefers besonders gut erkennen: die Anpassung an den Schlammboden. Viele von ihnen bildeten am Ende des Stiels oder in seinem unteren Bereich verzweigte, wurzelartige Fortsätze aus (Abb. 53, 55), die sich über den Grund ausbreiteten oder knapp unter seiner Oberfläche "wurzelten". In der Art eines "Schneeschuhs" verhinderten sie das Einsinken in den weichen Schlammboden. Andere Formen hefteten sich regelmäßig an Schalenbruchstücke, kleine Korallenstöcke und andere Gegenstände von harter Beschaffenheit an, die über den Meeresboden verstreut lagen (Abb. 53). Einzeln, als strauchartige Gruppen oder wie Rasenflecken besiedelten die Seelilien den Meeresboden. Die plötzliche Verschüttung läßt sich an diesen Fundstücken besonders deutlich ablesen. Vielfach wurden sie in der letzten Position, die sie als lebender Organismus eingenommen haben, genau an ihrem Siedlungspunkt geradezu fixiert. Genaue Untersuchungen mancher Fundstücke zeigt, daß sie vom Schlamm regelrecht umflossen wurden. Als er durch Entwässerung und unter dem Druck später überlagernden Materials langsam zusammengeprebt wurde, verkürzten sich alle Elemente, die mehr in vertikaler Richtung eingelagert waren, relativ zu denen, die sich parallel zur horizontalen Ebene befanden. Manchmal kann man den Senkungsbetrag der Sedimente vergleichend in etwa ausrechen: Die Dicke der feinkörnigen, wasserreichen Schlammpakete verringerte sich im Lauf der Zeit auf 20-10% ihrer ursprünglichen Mächtigkeit.

Abb. 49: Sechs Exemplare von *Hapalocrinus elegans* und ein *Parisangulocrinus*? sp. (Bildmitte). Im unteren Teil der Liliengruppe liegt noch ein angeschwemmter Schlangenstern der Art *Taeniaster beneckei*. Höhe der mittleren Lilie 285 mm.

Abb. 50: Strauchartige Seeliliengruppe mit zahlreichen Exemplaren von *Hapalocrinus frechi*. Ausgewachsene Individuen liegen zusammen mit Jugend-formen unterschiedlichen Alters. Die Lage der Gruppe im Sediment spricht für plötzliche Verschüttung. Wahrscheinlich hat eine abrutschende Schlick-masse die Gruppe gleichsam umflossen. Die Kronen sind in unterschiedlichen Niveaus eingebettet und manche Arme zeigen eine Verkürzung, die durch die Kompaktion des umhüllenden Schlammkörpers hervorgerufen wurde. Breite der Platte 480 mm.

Abb. 51: Eine andere Gruppe von *Hapalocrinus frechi* im Röntgenbild. Die zickzack-artige Anordnung etlicher Arme weist auf Stauchung im Zuge der Verschüttung hin. Der Besatz der Kelche und Arme mit kräftigen Stacheln diente vermutlich der Abwehr von Schmarotzern, nachgewiesen sind vor allem Dingen Schnecken. Das Röntgenbild zeigt den filigranen, reusenartigen Bau der Seelilienkronen. Das durch diesen "Reusen"-apparat hindurchströmende Wasser erzeugte zahlreiche Verwirbelungen, die mitgeführte Nahrungspartikel in Längsrinnen auf den Armen gelangen ließen. Von dort wurden diese zur Mundöffnung auf der Oberseite des Kelches transportiert. Bildausschnitt 170 x 170 mm.

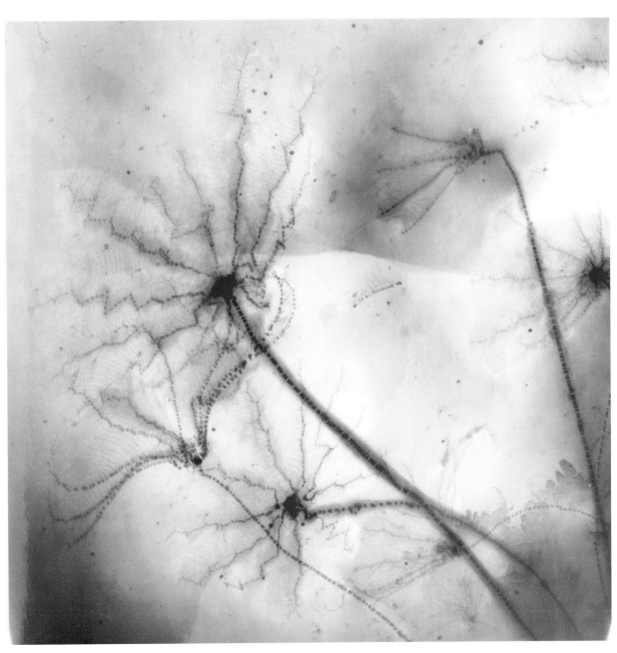

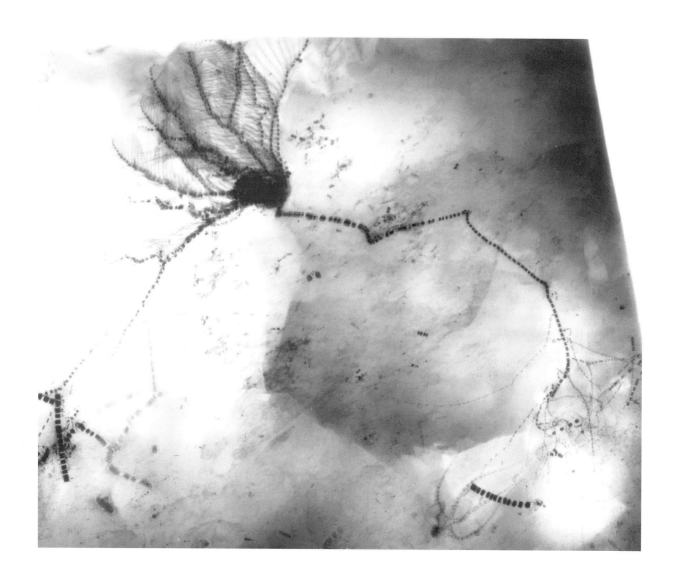

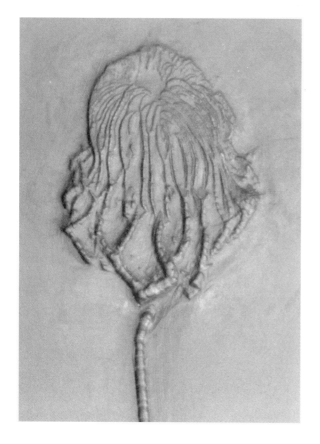

Abb. 52 (o.): Seelilie (*Hapalocrinus* sp.) im Röntgenfoto. Komplettes Exemplar. Der Stiel verzweigt sich am Ende fächerartig. Am Fuß und rechts neben den Fangarmen der Seelilie liegt je ein kleiner Schlangenstern (*Furcaster palaeozoicus*). Länge der Seelilie 145 mm.

Abb. 53 (r): Vollständiges Exemplar von *Taxocrinus* sp. Die Seelilie hatte sich an eine Einzelkoralle angeheftet. Im unteren Stielabschnitt bildeten sich verzweigte Fortsätze aus, die das Einsinken im Schlamm verhinderten und vermutlich schon zu Lebzeiten des Tieres von Schlamm bedeckt wurden. Knapp über der Sedimentoberfläche am freien Teil des Stiels heftete sich eine weitere Seelilie (*Thallocrinus* sp.?) an. Länge ca. 400 mm.

Abb. 54 (l.): Krone von *Taxocrinus*. Detail aus Abb. 53.

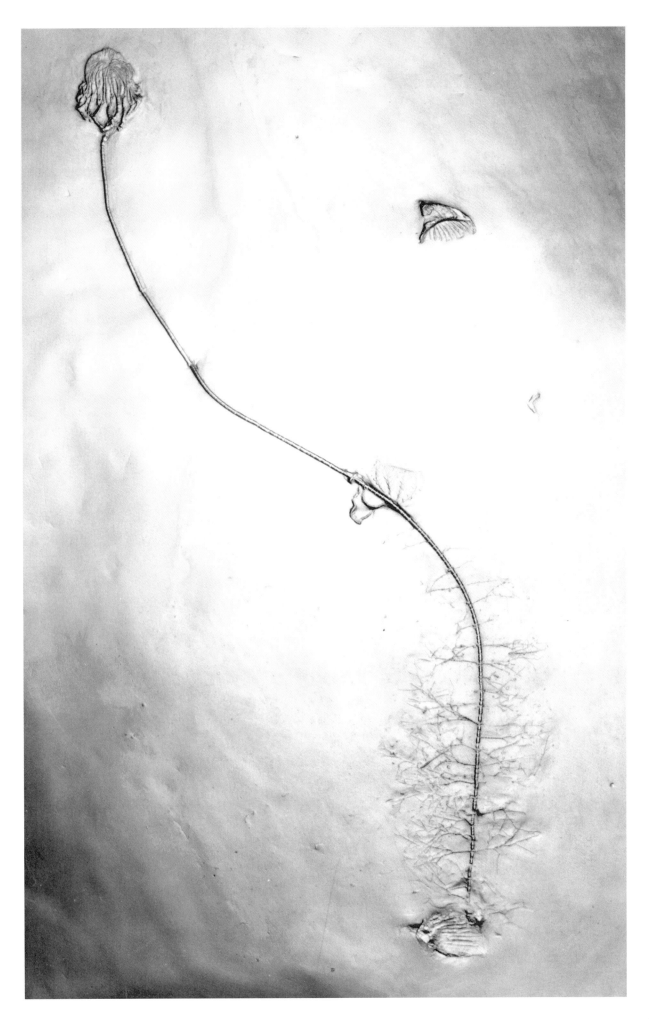

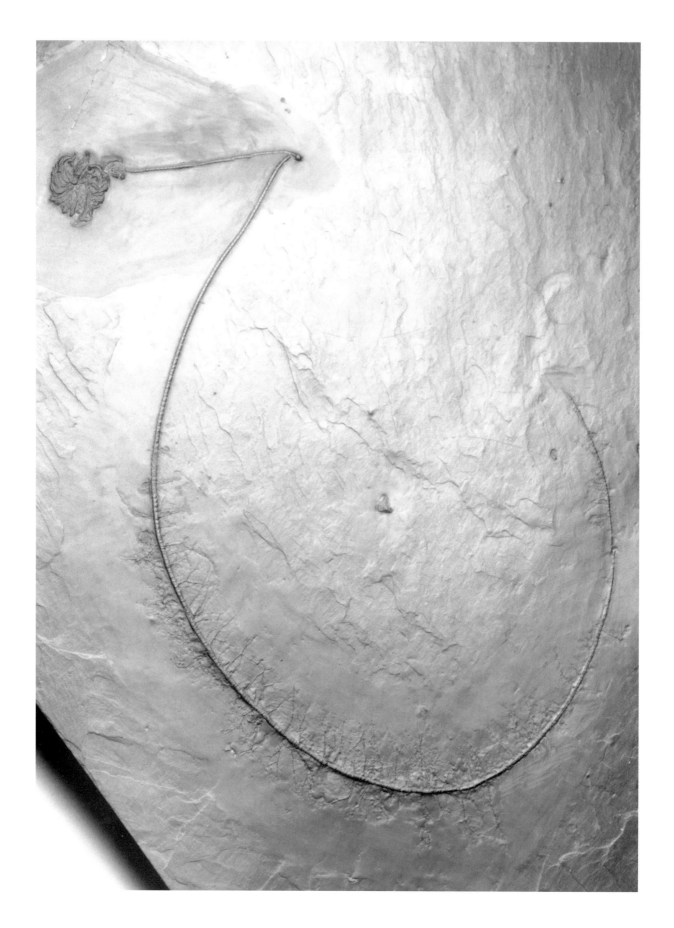

Abb. 55: Eine der größten Seelilien (*Taxocrinus* sp.), die je aus dem Dachschiefer geborgen werden konnten. Der Stiel hat eine Gesamtlänge von 92 cm. Er lag wohl zu 3/5 auf bzw. knapp unter der Oberfläche des Meeresbodens. Verzweigte, wurzelartige Anhänge dienten der Verankerung und verhinderten gleichzeitig ein Einsinken im Schlamm. Das scharfe Abknicken spricht für plötzliche Verschüttung des Tieres an seinem Siedlungsplatz. Länge des Stiels ca. 920 mm.

Abb. 56: Strauchartige, ursprünglich größere Gruppe von Seelilien [überwiegend *Hapalocrinus* sp., 3 *Parisangulocrinus* sp. (u.r.), *Triacrinus* sp. (o.r.)] sowie ein Schlangenstern *Eospondylus* sp. (m.o.). Die Seelilien sind mit allen Altersstadien vertreten. Die Jugendexemplare haben sich an den Stielen älterer Individuen angeheftet. Teile der "Wurzeln" sind erhalten (u.l.). Durchmesser der größten Krone 70 x 105 mm.

Weitere Stachelhäuter

Neben den Seelilien, Schlangensternen und Seesternen gibt es in den Dachschiefern noch zahlreiche weitere Vertreter aus der Klasse der Stachelhäuter. Diese sind zwar oft sehr viel unscheinbarer und folglich in einer Ausstellung nur schwer zu präsentieren, aber sie sind deshalb nicht weniger interessant. Einige Gruppen sind sogar nur aus den Dachschiefern mit vollständigen Exemplaren bekannt geworden. Aus diesen Gründen sollen im folgenden einige Beispiele vorgestellt werden.

Zunächst sind dies die durch eine Art vertretenen Beutelstrahler (Cystoidea) und die Knospenstrahler, die mit zwei Arten auftreten. Oberflächlich betrachtet den Beutelstrahlern ähnlich sind die Flachtiere (Homalozoa), die mit mehreren Gattungen vertreten sind. Große Raritäten sind die entfernt mit den Seeigeln verwandten "Sternkissen-Tiere" (Edrioasteroidea) der Gattung *Pyrgocystis*. Die eigentlichen Seeigel (Echinoidea) sind durch zwei bis drei Arten vertreten und zählen ebenfalls zu den Raritäten. Daß vollständige Seewalzen (Holothuria) überliefert sind, ist eine weitere Besonderheit der Dachschiefer. Diese unscheinbaren, schlauch- oder sackförmigen Stachelhäuter leben frei beweglich am Boden und besitzen eine lederartige Haut, in die winzige Kalkkörperchen eingelagert sind. Diese Haut zerfällt nach dem Tod der Tiere normalerweise sehr schnell, so daß nur die unscheinbaren Kalkkörperchen übrig bleiben. Umso bemerkenswerter sind die vollständigen Exemplare, die seit Ende der 50er Jahre - dank Röntgentechnik - gefunden wurden.

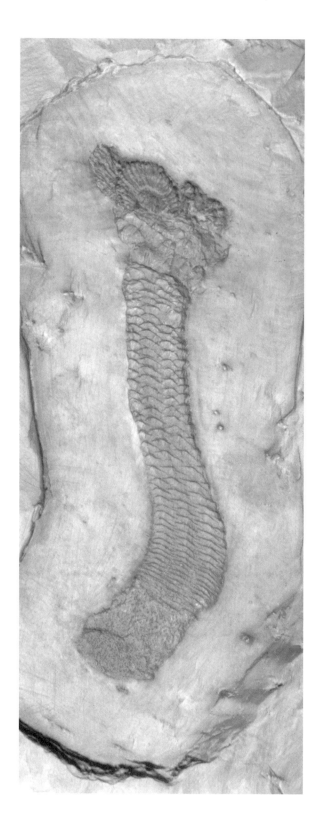

Abb. 57: Der Stachelhäuter *Pyrgocystis* (*Rhenopyrgus*) *coronaeformis* aus der Verwandtschaft der Seeigelartigen. Den unteren Abschnitt bildet ein sackartiger Fuß mit körniger Deckhaut, darüber erhebt sich ein mit schuppenartigen Platten bedeckter Stiel, der die Krone mit kurzen dicken Armen trägt. Derartige Funde gehören zu den größten Raritäten der Schiefer. Höhe 87 mm.

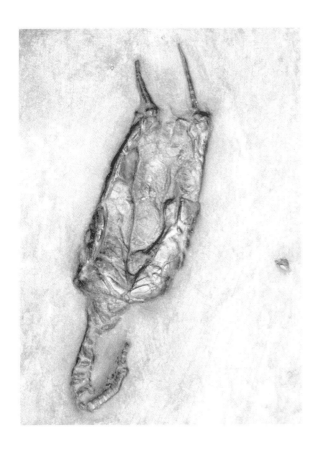

Abb. 58: Beutelstrahler *Regulaecystis pleuro-cystoides*. Länge 53 mm.

Abb. 59: Knospenstrahler *Pentremitella osoleae*. Höhe ca. 65 mm (vgl. Abb. 100).

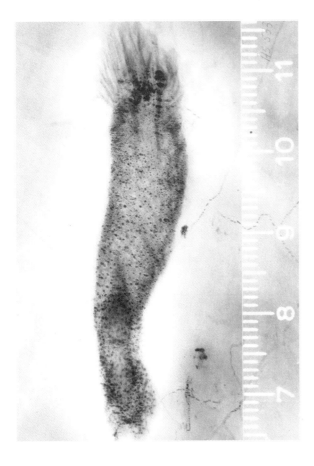

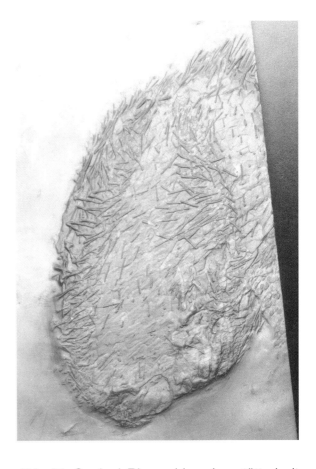

Abb. 60: Röntgenbild der Seewalze *Palaeo-cucumaria hunsrueckiana*. Länge 55 mm.

Abb. 61: Seeigel *Rhenechinus hopstätteri* mit erhaltenen Stacheln. Höhe 145 mm.

Gliederfüßer

Auf dem Meeresboden und in den bodenna-
hen Wasserschichten lebte eine Vielzahl von
zum Teil bizarr anmutenden Gliederfüßern
(Arthropoda). Insbesondere Vertreter dieses
Tierstammes haben zum Weltruhm der
Hunsrückschieferfossilien beigetragen. Bis
heute wurden folgende Gruppen bekannt:
Schwertschwänze (Xiphosura), Seeskorpione
(Eurypterida), Echte Skorpione (Scorpionida),
Asselspinnen (Palaeopantopoda), Dreilapper
(Trilobita), Dreilapperähnliche (Trilobitomor-
pha), Blattkrabben (Phyllocarida) und
Muschelkrebse (Ostracoda).

Trilobiten

Am häufigsten sind die für die Meere des
Erdaltertums so charakteristischen Dreilapper
(Trilobiten). Wie zu groß geratene Keller-
asseln sehen sie aus, und sie müssen stel-
lenweise in großer Zahl den Boden bevölkert
haben. Wie alle mit einem Außenpanzer als
Stützelement und Schutz versehenen Arthropoden mußten sie sich mit dem Wachstum
häuten. Die abgeworfenen und meist dann
auseinandergefallenen Panzer bedecken,
manchmal als Zusammenschwemmungen,
ganze Flächen.

Manche der Tiere wurden offenbar von ins
Rutschen geratenem Schlamm mitgewirbelt,
überlebten dieses turbulente Ereignis nicht
und wurden eingeschlossen als der Schlamm
zur Ruhe kam (Abb. 63). In solchen Fällen zeigen sie oft nicht nur die im allgemeinen überaus selten erhaltenen Gliedmaßen mit den
Schreitbeinen und lamellenförmig gegliedert-
ten, davon abzweigenden Kiemenästen, sondern Röntgenaufnahmen enthüllten sogar
Spuren des Schlundes und Magens samt
Anhangdrüsen und den Darmkanal.

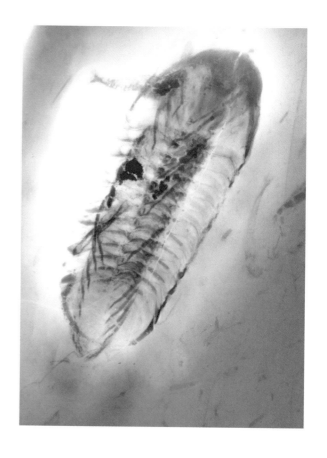

Abb. 62: Trilobit *Chotecops* sp. im Röntgenbild. Länge ca. 80 mm. Es handelt sich um das
gestreckte Exemplar (r.o.) von Abb. 63. Deutlich sind die paarigen Schreitbeine. Rechts da-
neben und links, halb verdeckt, liegen zwei
Exemplare des seltenen Stachelhäuters
Pyrgocystis sp. (vgl. Abb. 57).

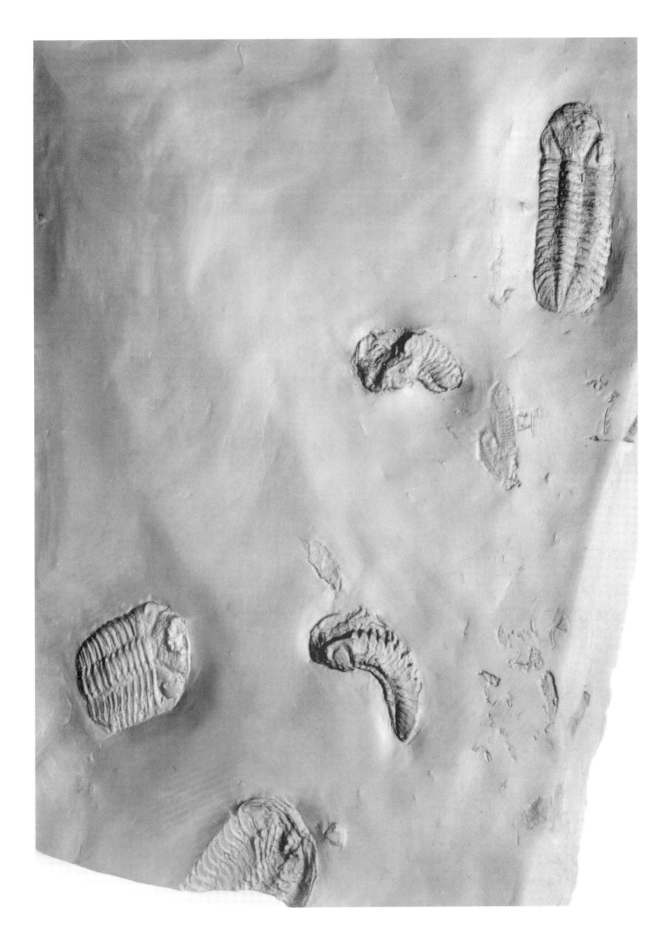

Abb. 63: Fünf Trilobiten (*Chotecops* sp.) in unterschiedlicher Einbettungslage; sie entstand, als ein Schlammstrom die Tiere mitriß und beim Absetzen in ihrer jeweiligen Lage fixierte. Entweder wurden die Tiere bei diesem Ereignis getötet oder der Schlamm war so zäh, daß ein Entkommen nicht möglich war. Länge des gestreckten Exemplares rechts oben ca. 80 mm.

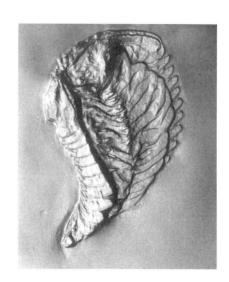

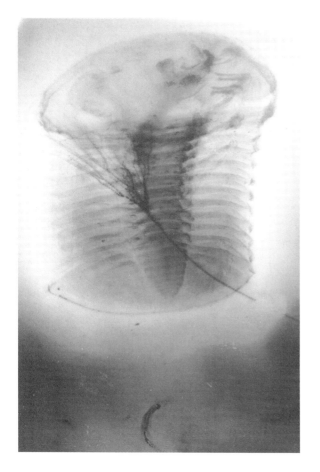

Abb. 64 (o.l.): Zwei unterschiedlich stark eingerollte Trilobiten (*Chotecops* sp.). Länge 45 bzw. 56 mm.

Abb. 65 (o.r.): Trilobit *Chotecops* sp. in halbseitlicher Einbettung. Sichtbar sind große Teile der Bauchseite mit den Gliedmaßen. Länge 95 mm.

Abb. 66 (u.r.): Trilobit *Chotecops* sp. im Röntgenbild. Besonders deutlich sind die Schreitbeine aber auch die daran ansitzenden, lamellenförmigen Kiemenäste sind erkennbar (oben rechts). Bei den dunklen Strukturen im Kopfbereich handelt es sich um Teile des Verdauungstraktes. Länge 62 mm).

Abb. 67 (u.l.): Röntgenbild eines weiteren *Chotecops* sp. mit erhaltenen Beinen und Resten der Verdauungsorgane im Kopfbereich. Die in der Platte verborgene Seelilie *Parisangulocrinus* sp. hat sich an einer zweiklappigen Muschel (r.u.) angeheftet. Länge des Trilobiten 72 mm.

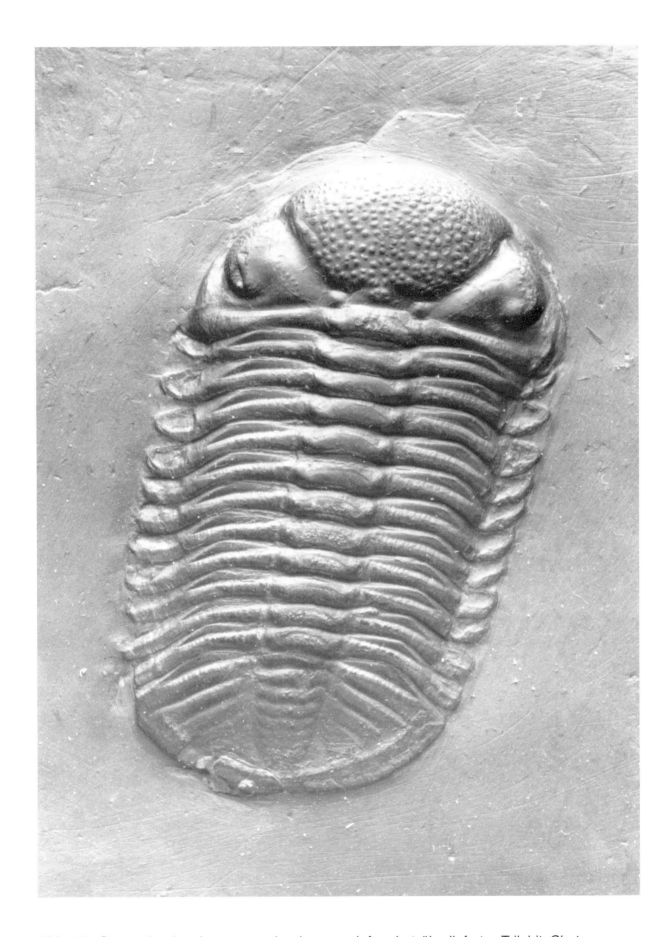

Abb. 68: Gestreckt eingebetteter und nahezu undeformiert überlieferter Trilobit *Chotecops* sp. Häufig wurden diese Tiere bei der Schieferbildung mehr oder weniger stark gestaucht oder verzerrt (vgl. Abb. 66, 69, 70). Die Bildung einer Phosphatknolle unterhalb des Panzers bald nach der Einbettung verhinderte, daß das Fossil im Verlauf der Kompaktion des Sedimentes flachgedrückt wurde. Länge 62 mm.

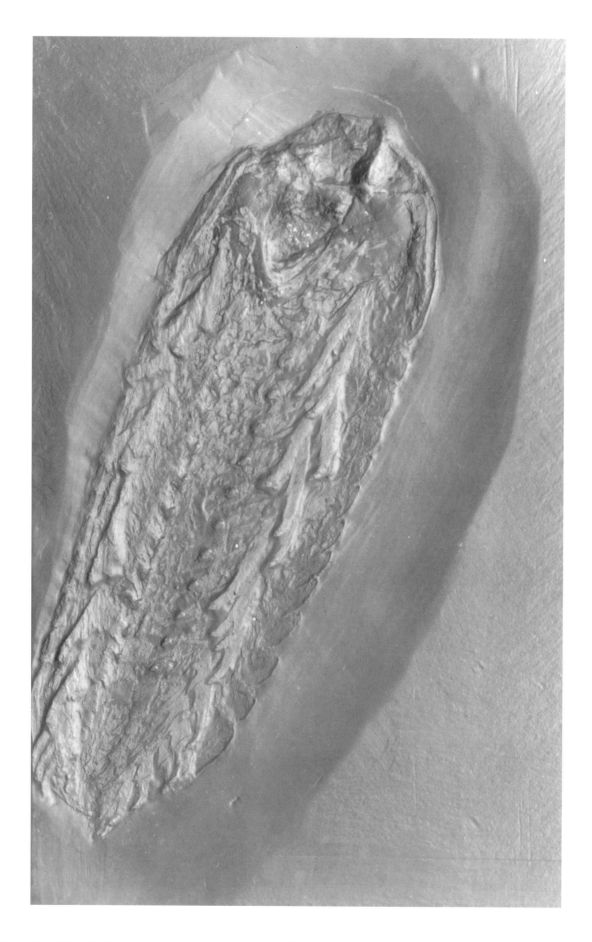

Abb. 69: Trilobit *Chotecops* sp. mit erhaltenen Gliedmaßen. Vergleichbar perfekt erhaltene Funde sind nur von wenigen anderen "Ausnahme-Fundstellen" bekannt. Die zarten Beine und ihre fächerförmigen Kiemenanhänge zerfallen nach dem Tod der Tiere meist rasch in ihre Einzelsegmente, so daß günstigenfalls vollständige Rückenpanzer überliefert werden. Länge 148 mm.

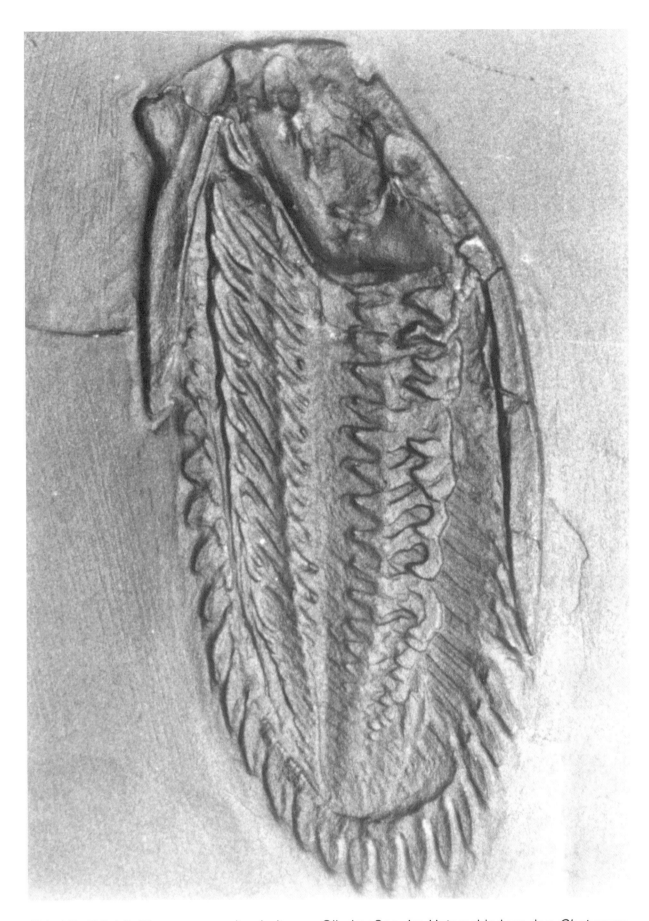

Abb. 70: Trilobit *Rhenops* sp. mit erhaltenen Gliedmaßen. Im Unterschied zu den *Chotecops*-Arten besitzt diese Art lange Wangenstacheln und auch die Körpersegmente und der Schwanzschild sind randlich mit kurzen Stacheln besetzt. Dieses Exemplar zeigt, wie auch das vorhergehende, eine deutliche Verzerrung seiner Proportionen, die während der Schieferbildung entstanden. Länge 73 mm.

Trilobitenähnliche

Diese mit den Trilobiten verwandte Arthropoden-Gruppe umfaßt überaus bizarre Formen. Viele stehen innerhalb der Trilobitomorpha recht isoliert und ihre nächsten Verwandten sind noch unbekannt. Gerade bei dieser Gruppe wird deutlich, wie lückenhaft unsere Kenntnis der damaligen Fauna ist.

Mimetaster

Eine besonders seltsame Gestalt hat der "Scheinstern" *Mimetaster hexagonalis*. Diese kleinwüchsigen Tiere hatten vorne lange, stelzenartige Laufbeine, dahinter folgen Dutzende winziger Beinpaare, deren Bewegung wahrscheinlich das Sediment auf der Suche nach freßbaren Kleinstlebewesen aufwühlte. Der ganze Körper verbarg sich unter einem seltsamen sternförmigen Rückenpanzer, der in sechs lange stachelartige Fortsätze mit zahlreichen Seitenstacheln ausläuft. Dieser Rückenschild insgesamt ähnelt einem großen sternförmigen Schneekristall.

Neufunde haben gezeigt, daß die merkwürdige Konstruktion einen Zweck hatte. Es wurde ein Massenvorkommen gefunden, bei dem bei mehreren Exemplaren kleine kugelige Kieselschwämme oben an den stacheligen Panzer geheftet sind (Abb. 73). Sie dienten wohl, wie der oberflächlich mit einem See- oder Schlangenstern zu verwechselnde Rückenschild, als Tarnung.

Die einzige vergleichbare und vermutlich auch näher verwandte Form, *Marella*, findet sich im kambrischen Burgess-Shale, ist also ca. 140 Mio. Jahre älter.

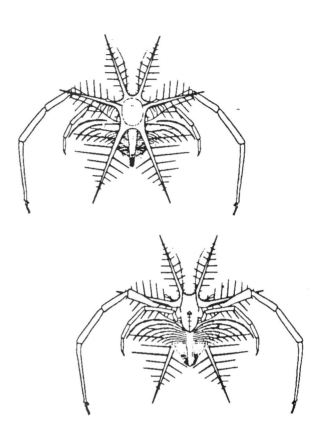

Abb. 71: *Mimetaster hexagonalis*; Rekonstruktion, Oberseite (o.) und Unterseite (u.;nach STÜRMER & BERGSTRÖM 1976).

Abb. 72: Zwei bauchseitig freigelegte Exemplare von *Mimetaster hexagonalis*. Deutlich erkennbar sind die zwei kräftigen Schreitbeinpaare und die darauf folgenden Beinchen des Hinterleibes. Durchmesser je ca. 40 mm.

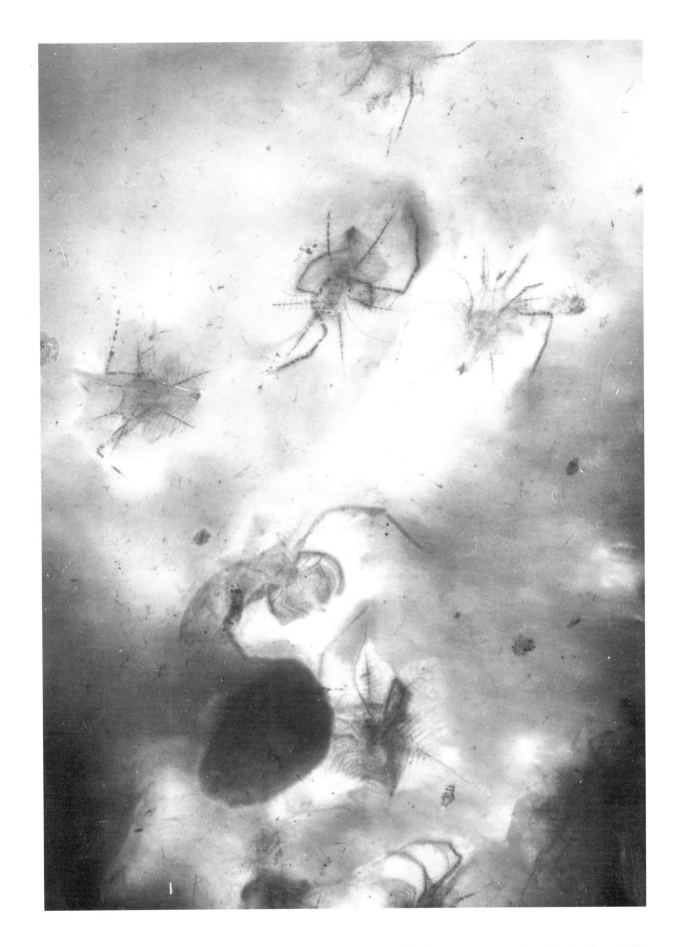

Abb. 73: Massenvorkommen von *Mimetaster hexagonalis*. Insgesamt wurden durch Verschüttung 23 Exemplare auf engem Raum eingebettet. Der bizarre Bau dieser kleinen Gliederfüßer wird besonders im Röntgenbild deutlich. Selbst die zarten Antennen sind erhalten. Bildausschnitt ca. 125 x 175 mm.

Vachonisia

Auch *Vachonisia rogeri*, ein Verwandter des "Scheinsterns" *Mimetaster*, besaß eine gewisse Tarnung - wenn auch ganz anderer Art. Bei ganz ähnlichem Bau des Körpers und der Gliedmaßen ist der Rückenschild wie eine herzförmige flache Schale gestaltet, die einer Muschel- oder Armkiemer (Brachiopoden-)-Schale zum Verwechseln ähnlich sieht. Diese Fundstücke zählen zu den seltensten in den Schiefern, nur sieben Exemplare wurden bisher bekannt. Eines davon war eine Zeitlang verschollen, bis es sich zufällig in der falschen Sammlungsschublade einer Universitätssammlung wiederfand - sorgsam eingeordnet zwischen den Schalen verschiedener Armkiemer (Brachiopoda). Die Tarnung hatte auch nach 400 Jahrmillionen noch die Verwalter der Sammlung hinters Licht geführt.

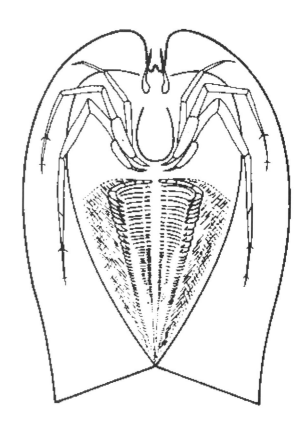

Abb. 74: *Vachonisia rogeri*; Rekonstruktion, Unterseite (aus STÜRMER & BERGSTRÖM 1976)

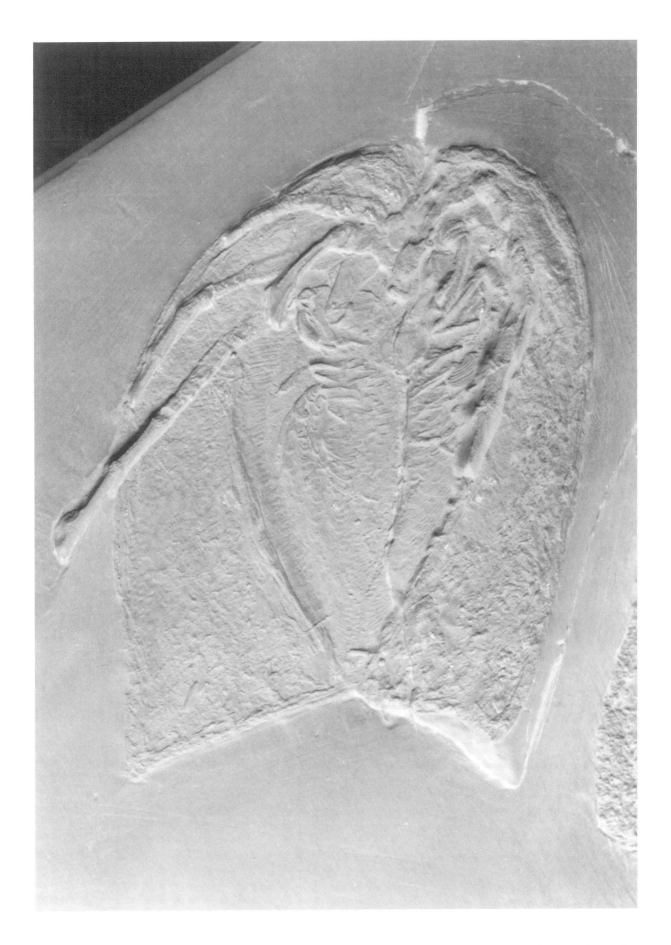

Abb. 75: Jüngster Fund von *Vachonisia rogeri* in bauchseitiger Ansicht. Es ist nicht nur eines der größten Exemplare sondern auch besonders gut erhalten. Deutlich erkennbar sind die unter dem Rückenschild verborgenen langen Schreitbeinpaare sowie die zahlreichen kurzen Rumpfbeinpaare. Länge 82 mm.

Cheloniellon

Ein weiterer, noch sehr viel seltenerer - es sind
nur drei Exemplare bekannt - Gliederfüßer ist
Cheloniellon calmani. Seine genauen Ver-
wandtschaftsbeziehungen sind derzeit noch
unklar, da vergleichbare Formen, die diesbe-
züglich Hinweise geben könnten, bislang nicht
bekannt sind. Möglicherweise handelt es sich
um einen Vertreter einer eigenständigen
Arthropodengruppe, die verwandtschaftliche
Beziehungen zu den Trilobitomorpha einerseits und den Chelicerata (Fühlerlose) andererseits aufweist.

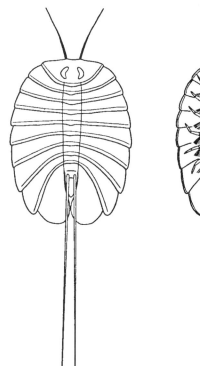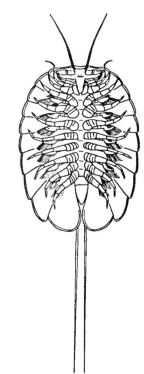

Abb. 76 (o.):
Cheloniellon calmani;
Rekonstruktion, Ober-
seite (l.) und Unterseite
(r.; aus STÜRMER & BERG-
STRÖM 1978)

Abb. 77 (l.):
Cheloniellon calmani.
Oberflächenaufnahme.
Körperlänge 105 mm.

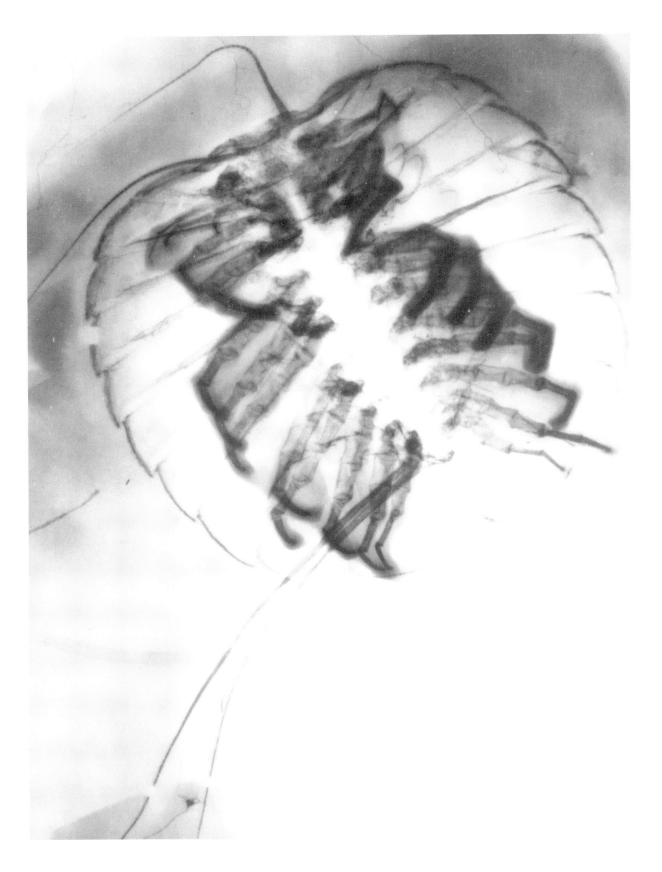

Abb. 78: Der überaus seltene Gliederfüßer *Cheloniellon calmani* im Röntgenbild. Die zarten Antennen, die Beine und die mehr als körperlangen Schwanzanhänge (Furca) sind exzellent erhalten.

Asselspinnen

Palaeoisopus

Zu den seltsamsten Gestalten und zugleich größten Lebewesen, die fossil in den Schiefern gefunden werden, zählt die Asselspinne *Palaeoisopus problematicus*. Charakteristisch für die Asselspinnen sind ein winziger Körper und vier lange dünne Beinpaare. Das zu mächtigen Fangarmen gestaltete erste Gliedmaßenpaar zeigt, daß *Palaeoisopus* ein räuberisch lebendes Tier war. Diese Fangarme tragen an ihrem Ende große, bewegliche Krallen, mit denen Beute gegriffen und möglicherweise auch getötet werden konnte. Am kleinen Kopf sitzt ein Paar kräftiger Scheren (Cheliceren), mit denen auch größere, durch Panzer oder Schalen geschützte Beutetiere zerlegt werden konnten. Die Nahrungsaufnahme erfolgte über einen kräftigen Saugrüssel. See- und Schlangensterne, die ohne alle Anzeichen von Zerfall sind, bei denen aber ein oder mehrere Arme wie abgeschnitten, manchmal sogar in Stücken zerteilt neben dem Rest des Tieres liegen, sind vielleicht Beute der Asselspinnen gewesen.

Die Gliedmaßen, der Körper und der - im Gegensatz zu heutigen Asselspinnen - lange, gegliederte Hinterleib besitzen einen Außenpanzer, der Leisten und Reihen von Nietenköpfen ähnlichen Tuberkeln aufweist, und so einer Ritterrüstung ähnelt. Jugendliche Exemplare der Asselspinnen - das kleinste bekannte Exemplar ist bloß so groß wie ein Daumennagel - fanden sich verschiedene Male inmitten von Seeliliengruppen. Vielleicht nutzten sie das strauchartige Seeliliendickicht als Deckung. Die Tiere waren wahrscheinlich in der Lage, sich schwimmend fortzubewegen. Diese "Ritter von der seltsamen Gestalt" gehören zu den Raritäten des Schie-

fers und anfangs machte das Verständnis ihres Körperbaus manche Schwiergkeiten: Zuerst wurde der lange Hinterleib für den Rüssel gehalten und die Scheren für ein paddelförmiges Organ am Hinterende, ehe man aufgrund weiterer Funde gewahr wurde, daß man zunächst hinten und vorne bei der Rekonstruktion verwechselt hatte.

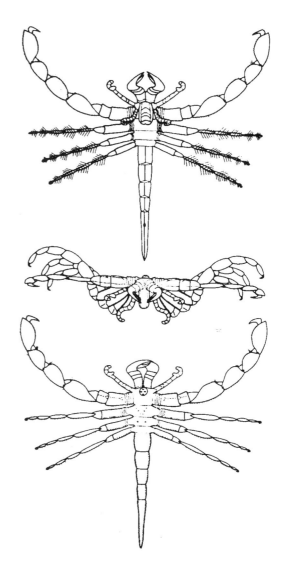

Abb. 79: *Palaeoisopus problematicus*; Rekonstruktion, Unterseite (o.), Vorderansicht (m.), Oberseite (u.; nach BERGSTRÖM, STÜRMER & WINTER 1980).

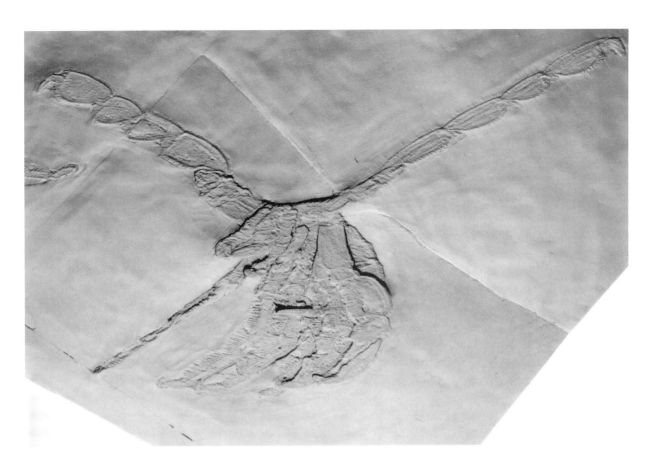

Abb. 80: Asselspinne *Palaeoisopus problematicus*. Das an den Enden mit beweglichen Krallen versehene erste Beinpaar ist weit gespreizt. Die beiden Scheren und die gebogenen, mit langen Stacheln besetzten Laufbeine hängen nach unten. Dazwischen ragt das letzte Segment des nach unten eingekrümmten Hinterleibs nach vorne. Spannweite ca. 380 mm.

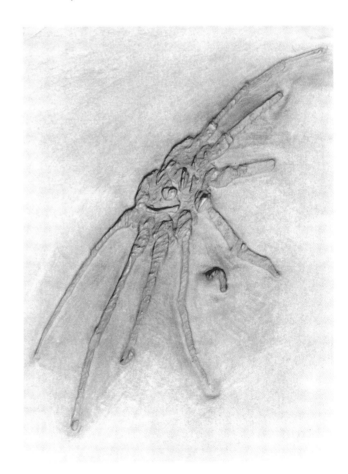

Abb. 81: Asselspinne *Palaeopantopus maucheri*. Spannweite 83 mm. Diese Art ist noch weitaus seltener als *Palaeoisopus* - bislang wurden erst drei Exemplare bekannt - und erreicht auch bei weitem nicht deren Größe. Eine weitere, nur 5 mm große Asselspinne, *Palaeothea devonica*, wurde erst ein einziges Mal auf einer Röntgenaufnahme entdeckt.

Pfeilschwanzkrebse

Weinbergina

Wie z.B. die Seesterne kündet *Weinbergina opitzi*, ein Urahn der Pfeilschwanzkrebse (Xiphosura) vom Beharrungsvermögen der Organismen, wenn sie einmal an einen bestimmten, über die Jahrmillionen hinweg stets gegebenen Lebensraum angepaßt waren. Die heutigen Nachfahren sind im pazifischen Raum beheimatet, und zoologische Gärten und Museen präsentieren sie gelegentlich lebend in Aquarien als vielbestaunte Raritäten. Im englischen Sprachraum heißen sie aufgrund ihres hufeisenförmigen Körperumrisses "horse-shoe-crabs" - Hufeisenkrebse. Im Hunsrückschiefer ist die bis heute vorhandene Körperorganisation im wesentlichen schon ausgebildet. Der Pfeilschwanzkrebs *Weinbergina* zählt zu den größten Seltenheiten des Dachschiefers - bis heute wurden nur fünf Exemplare entdeckt.

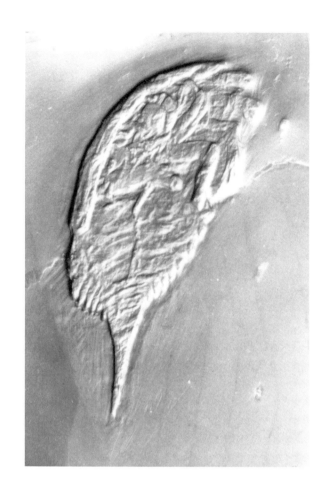

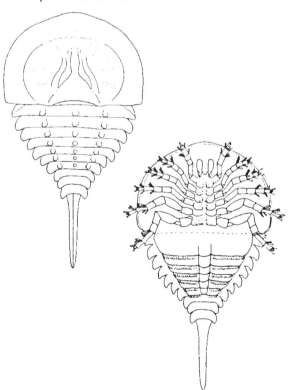

Abb. 82: *Weinbergina opitzi*; Rekonstruktion, Oberseite (o.) und Unterseite (u.; nach STÜRMER & BERGSTRÖM 1981).

Abb 83 (o.) u. 84 (u.): Bauchseitig freigelegte *Weinbergina opitzi*. Oberflächen- (o.) und Röntgenaufnahme (u.). Länge ca. 75 mm.

Neufunde

In letzter Zeit gelangen mehrfach aufregende Funde, die das Vorkommen bislang völlig unbekannter Organismen im Dachschiefer belegen. Darunter befinden sich zwei Gliederfüßer, deren Körperorganisation überaus seltsame Merkmale aufweist. Sie besitzen paddelförmige Anhänge am Hinterende, die Raketenleitwerken oder den Heckrudern von Flugzeugen ähneln, lange, starke Antennen, übergroß wirkende Augen und merkwürdige, fadenförmige Anhänge, die vielleicht Tastorgane sein mögen. Dieser bizarren Menagerie ist eins gemeinsam: die bislang erkennbaren Merkmale verweisen zurück auf Frühformen der Arthropoden im Kambrium, als diese Gruppe zahlreiche, aus heutiger Sicht überaus fremdartige Formen umfaßte. Deren fossilen Reste findet man kontinentweit entfernt in China und Kanada (Burgess Shale).

Sie sollen zumeist schon mehr als 130 Jahrmillionen vor der Bildung unserer Schieferschichten ausgestorben sein. Einige dieser sonderbaren Gestalten konnten aber offenbar doch in besonderen Lebensräumen überdauern, und sie begegnen uns nun überraschenderweise in den Dachschiefern wieder. Für die Sichtweise und Erklärung der Entwicklung des Lebens in den Meeren des Erdaltertums hat dies einige Konsequenzen. Diese Funde stellen Unikate von unschätzbarem Wert dar, originäre neue Bausteine aus dem gewaltigen Mosaik der Lebensgeschichte. Daß diese Raritäten glücklicherweise auch noch ungewöhnlich gut erhalten sind, zählt zu den wundersamen Zufällen um die fossilen Schätze. Die berühmten "sechs Richtigen" im Lotto sind geradezu ein Massenereignis im Vergleich zu solchen Funden.

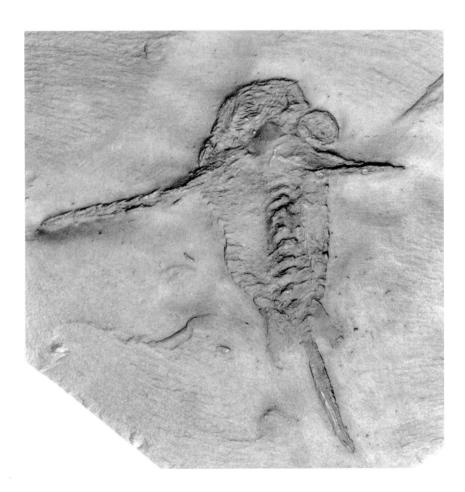

Abb. 85: Rätselhafter Neufund aus Bundenbach. Vermutlich handelt es sich bei diesem Unikat um einen Gliederfüßer (Arthropoda). Länge 98 mm.

 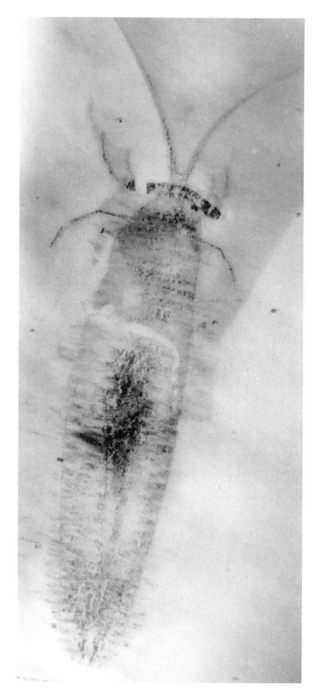

Abb. 86 (l.) u. 87 (r.): Dieser einzigartige Gliederfüßer (Arthropoda) mit zigarrenförmigem Körper wurde in den Dachschiefern des sogenannten Wingertsheller Plattenlagers der Grube Schmidenberg bei Bundenbach gefunden. Wie auch der folgende Fund, zeigt er eine gewisse Ähnlichkeit zu Formen aus dem kambrischen Burgess Shale von Britisch Kolumbien, Kanada. Mögliche verwandtschaftliche Beziehungen sind aber noch zu überprüfen. Links Oberflächenaufnahme, rechts Röntgenbild. Körperlänge 145 mm.

Abb. 88 (o.) u. 89 (u.; gegenüberliegende Seite): Auch dieser Gliederfüßer (Arthropoda) stammt aus dem Wingertsheller Plattenlager, kommt jedoch aus der Grube Eschenbach-Bocksberg bei Bundenbach. Im Unterschied zum oben abgebildeten Fund besitzt dieses Unikat vier "Schwanzpaddel". Auch ist der Körper deutlicher gegliedert. Oben Oberflächenaufnahme, unten Röntgenbild. Körperlänge 85 mm.

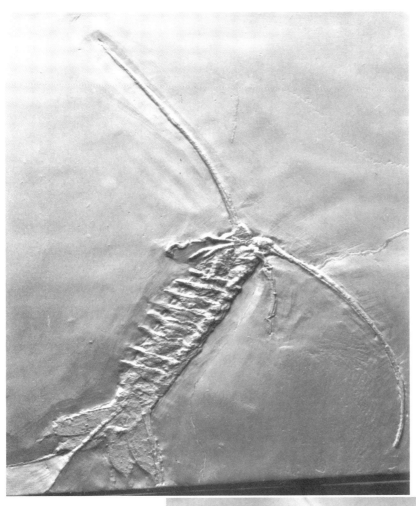

Panzerkrebse

Ein muschelschalenförmiger Schutzpanzer, der den Körper rechts und links bedeckt, ein den Kopfbereich schützendes Rostrum sowie ein durch ringförmige, gegeneinander bewegliche Panzerelemente geschützter Hinterleib waren Anlaß, diese zu den Krebsen (Crustacea: Phyllocarida) gehörenden Gliederfüßer als "Panzerkrebse" zu bezeichnen. Die massiven Schutzelemente fallen bei diesen Tieren als erstes ins Auge. Lange Antennen und große Augen ragen am Vorderende unter dem Panzer hervor. Der vordere Körperabschnitt trägt Laufbeine, der hintere die paarigen, paddelartigen Schwimmbeine. Der Hauptvertreter dieser Gruppe ist *Nahecaris*, benannt nach der Region an der oberen Nahe, wo vor allem diese Krebstiere gefunden werden. Ihrer ganzen Gestalt nach bewegten sie sich zumeist schwimmend in den bodennahen Wasserschichten. Der sehr seltene Panzerkrebs *Heroldina*, benannt nach dem im ersten Drittel unseres Jahrhunderts tätigen Sammler Herold, sieht *Nahecaris* recht ähnlich, wurde aber erheblich größer. Mit bis zu 60 cm Gesamtlänge gehörte er zu den größten Tieren im Hunsrückschiefer-Meer.

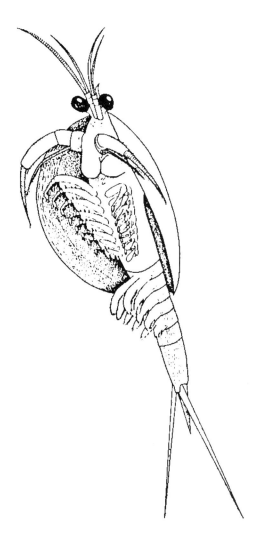

Abb. 91 (r.): Zwei Exemplare des Panzerkrebses *Nahecaris stürtzi*. Das rechte zeigt die Rückenansicht, das linke liegt auf der Seite. Länge 116 bzw. 125 mm.

Abb. 90: *Nahecaris stuertzi*; Rekonstruktion, Ansicht schräg von unten (nach BERGSTRÖM et al. 1987).

Abb. 92: *Nahecaris stuertzi*. Länge 165 mm.

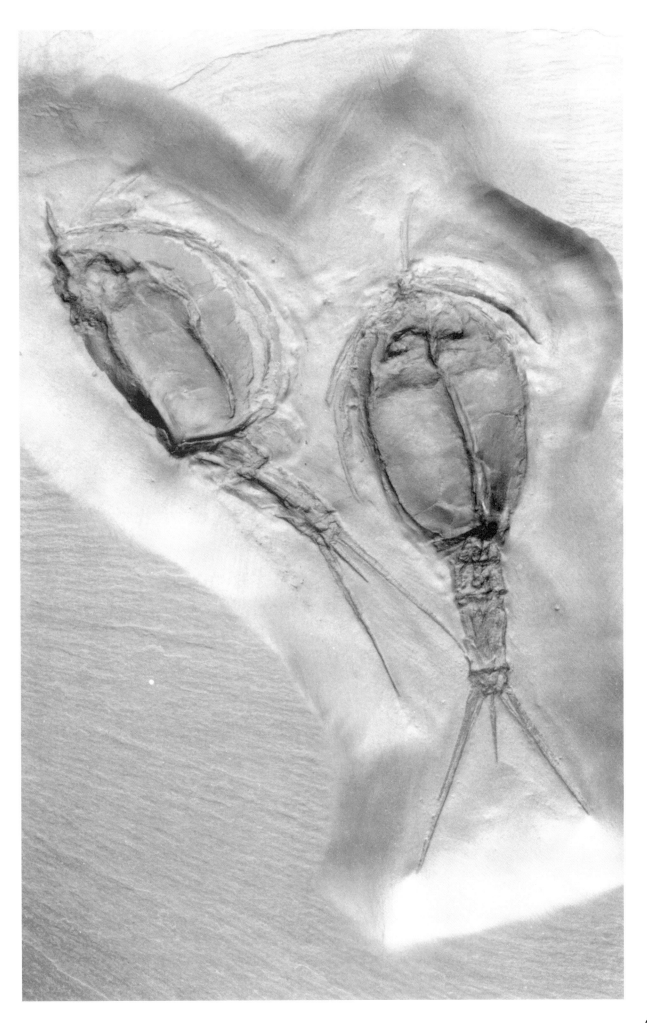

Fische

Im Unterdevon waren die Fische erst auf dem Weg, sich zu Organismen von der Körpergestalt und -organisation zu entwickeln, wie wir sie heute in den Meeren und Binnengewässern vertreten sehen. Verbreitet existierten noch Formen von plumper Gestalt mit schwerer Außenpanzerung und einer Anatomie, die viele von ihnen als "Fischartige" noch von den Fischen im eigentlichen Sinn unterscheidet.

Den Formen aus dem Dachschiefer sind, von einer Ausnahme abgesehen, eine abgeplattete Gestalt und ein genereller Körperbau eigen, die zu einem Leben am Meeresgrund und Schwimmen knapp über der Sedimentoberfläche befähigten. Es waren "Gründler", die ihre Nahrung am oder knapp über dem Meeresboden fanden. Viele Vertreter dieser urtümlichen Wirbeltiere besaßen noch keine Kieferbögen und Zähne. Statt dessen bildete beispielsweise der etwas häufiger bei Gemünden im Hunsrück gefundene Panzerfisch *Drepanaspis* eine Art Lutschmund aus, der zum Abweiden von Algen und Kleinstlebewesen vom Meeresboden geeignet war.

Große Augen auf der Oberseite des Kopfes, ein breiter, abgeplatteter Körper und große, flügelförmige, seitlich weit vorne ansitzende Brustflossen sowie ein etwas nach oben gerichteter Mund mit höckerigen Knochenplatten zum Zerreiben der Nahrung charakterisieren die rochenförmige *Gemündina*, benannt nach dem Ort Gemünden im Hunsrück. Dieser Fisch belegt durch Exemplare ganz verschiedener Größe - die Dimensionen reichen von kaum 15 cm bis zu 110 cm Länge - , daß alle Altersstadien im Meer des Hunsrückschiefers vertreten waren, dasselbe gilt für *Drepanaspis*.

Die Tiere hatten also hier ihren eigentlichen Lebensraum und waren nicht bloß gelegentliche Durchwanderer.

Im nordwestlichen Verbreitungsbereich der Dachschiefervorkommen, in der größeren Region um Mayen, finden sich immer wieder lange, stachelförmige Stützelemente der Flossen von haiartigen Fischen (Acanthodier). Sie haben ausweislich der Häufigkeit und beachtlichen Länge der Stacheln in erheblicher Anzahl und vor allem beeindruckender Größe (mit mehr als 2 m Länge ist zu rechnen) diesen Meeresbereich bewohnt. Die Verbreitung ihrer fossilen Reste nur im nördlichen Randbereich der Schlammablagerungen läßt annehmen, daß es sich um "Grenzgänger" zwischen den Schlickgründen und den küstennäheren, flachen, reich besiedelten Meeresregionen mit mehr sandigen Böden handelte.

Die Fische und Fischartigen aus den Dachschiefern zählen nicht nur zu den besonders beeindruckenden und zugleich seltensten Funden, sondern sie sind auch wissenschaftlich von hohem Wert. Gemeldet wurden bislang 13 Arten, bei denen es sich meist jedoch um unvollständige Einzelfunde oder auch nur unscheinbare Reste handelt. Ein nicht geringer Anteil der Kenntnis über die Wirbeltiere des Unterdevons wurde bei der Untersuchung des Materials aus dem Dachschiefer gewonnen; viele Formen wurden noch nirgends sonst auf der Welt gefunden.

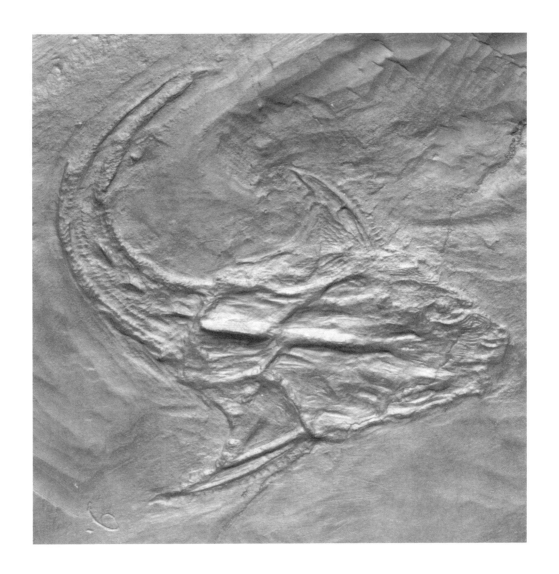

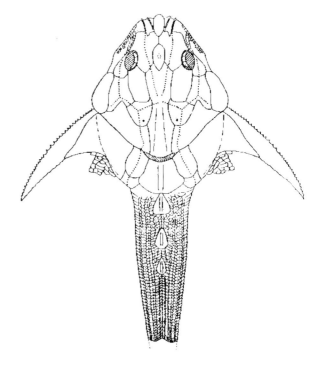

Abb. 93: Der Panzerfisch *Lunaspis heroldi.*
Oberseite des Originals. Länge 165 mm.

Abb. 94: Rekonstruktion der zweiten Art der
Gattung *Lunaspis, L. broilii* (nach GROSS 1961).
Beide besitzen kräftig skulpturierte Panzerplat-
ten und auffällige Stachelreihen an den Brustflossen.

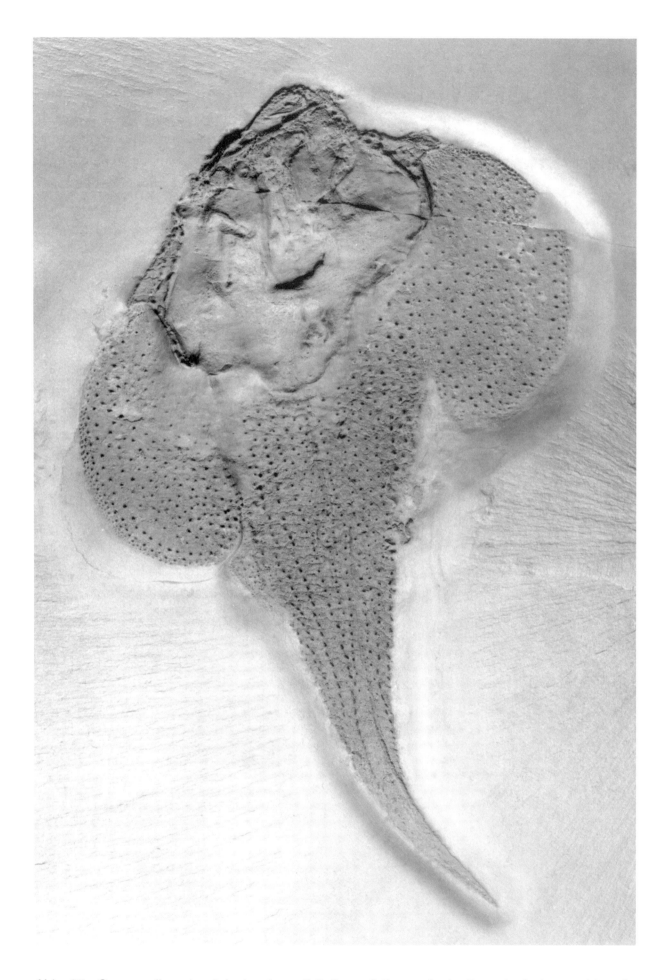

Abb. 95: *Gemuendina stuertzi*, ein etwas "häufigerer" Panzerfisch. Derzeit sind etwa 20 weitgehend vollständige Exemplare bekannt. Länge ca. 450 mm.

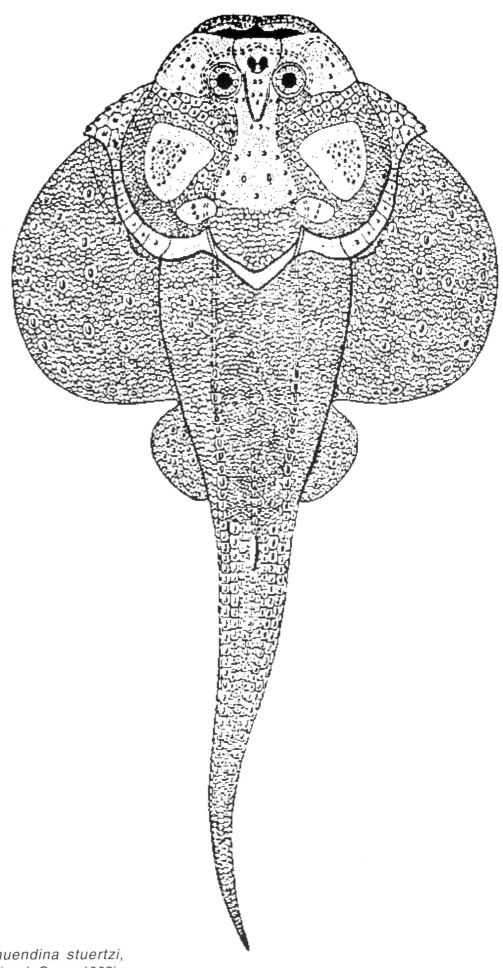

Abb. 96: *Gemuendina stuertzi*,
Rekonstruktion (nach GROSS 1963).

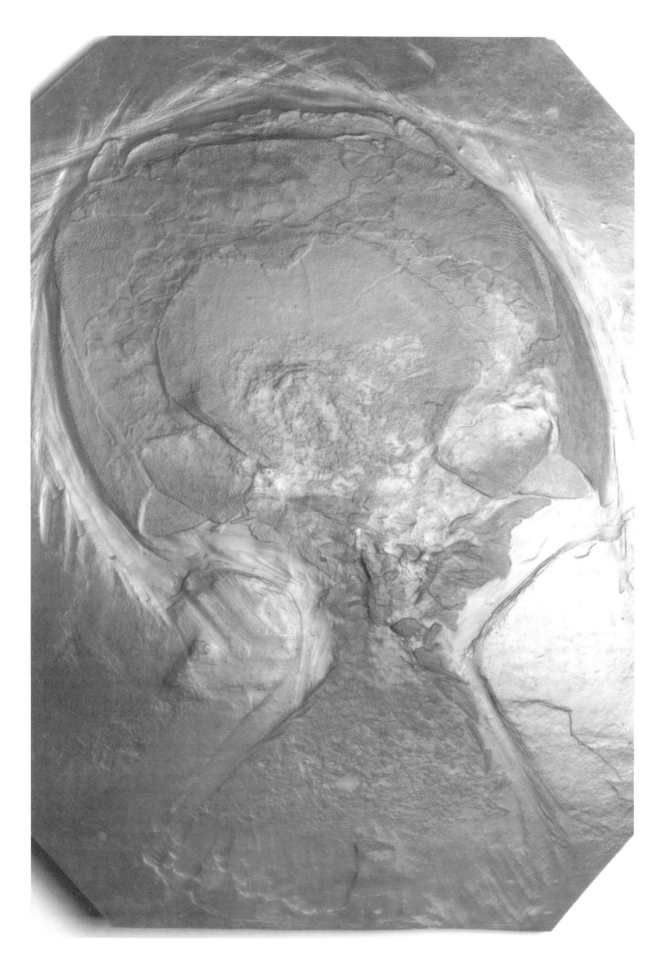

Abb. 97: Der Kieferlose *Drepanaspis gemuendensis*, der wohl häufigste Fisch im Dachschiefer. Länge 365 mm.

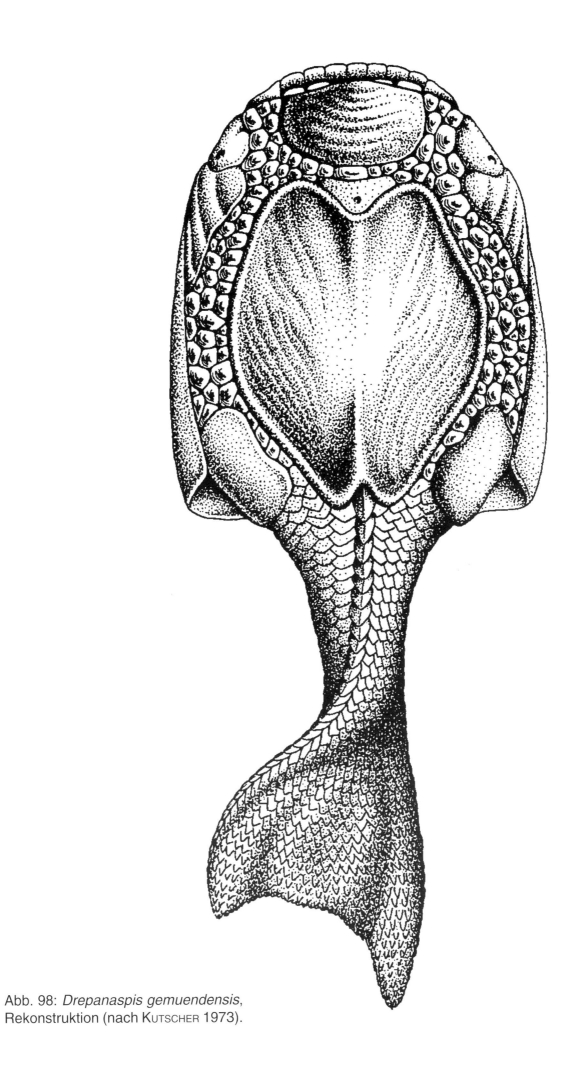

Abb. 98: *Drepanaspis gemuendensis*,
Rekonstruktion (nach Kutscher 1973).

Präparation der Funde

Die extrem feinkörnige Natur des einbettenden Gesteins und die Vorgänge um seine Verwandlung in Dachschiefer haben zur Folge, daß die Fossilien äußerst dicht vom Schiefer umschlossen werden. Die vielfach sehr feingliedrige Gestalt der Fossilien mit fragilen Stacheln, Antennen, Gliedmaßen und Hautstrukturen hat, zusammen mit der dichten Einbettung, zur Folge, daß die Schätze des Dachschiefers nur mit größter Vorsicht und unter hohem Zeitaufwand ans Licht gehoben werden können.

Nur selten kommt es vor, daß ein Stück ganz unbeschädigt geborgen wird. Je größer der Fund ist, umso seltener ist er unversehrt, denn schon ganz geringe Winkel zwischen der Ebene der Schichtung, auf der sich die Fossilien befinden, und der vom Druck diktierten Schieferung haben zur Folge, daß die "Figuren" im Stein beim Aufspalten der Blöcke zerrissen werden. Als erster Schritt müssen solche Funde wieder zusammengefügt werden, eine oft mühselige Arbeit.

Alle Techniken der Freilegung von Fossilien durch mechanisches Absprengen von größeren oder kleineren Gesteinsbruchstücken, etwa mit Hammer und Meißel, scheitern beim Schiefer kläglich. Sie führen unweigerlich zur Zerstörung des Fossils. Chemische Methoden versagen aufgrund der großen Widerstandsfähigkeit des Schiefers, die ihn technisch gerade so interessant macht. Ehe Chemikalien den Schiefer lösen, zerstören sie die Mineralsubstanz der Fossilien selbst. Das gleiche gilt für Methoden wie starke Erhitzung und anschließendes Abschrecken usw. Alle Verfahren, die den Gesteinsverband zu zermürben vermögen, zerstören die eingeschlossenen Fossilien auf jeden Fall mit.

Daher sind nur zwei Freilegungsmethoden anwendbar: Das vorsichtige Herausschaben aus dem Gestein mit Hilfe von feinen, sorgfältig angeschliffenen Nadeln, Messern und Schabern (Nadelpräparation) oder die Freilegung mit speziellen Sandstrahlgeräten unter Verwendung von feinem Eisenpulver. Beide Methoden nutzen den Umstand aus, daß die Substanz der eingebetteten Organismen meist in Schwefelkies umgewandelt vorliegt und damit härter ist als das einbettende Gestein. Dies kann freilich nicht verhindern, daß bei Einsatz beider Methoden feine Stacheln oder Oberflächenskulpturen sowie dünne Hautstrukturen sehr leicht wegbrechen und unbemerkt entfernt werden. Bedient man sich - eine verbreitete Unsitte - einer womöglich auch noch rotierenden Metallbürste, um die Fossilien freizulegen, so ist die Zerstörung von Feinheiten unvermeidlich. Die Freilegung muß stets unter optischer Kontrolle mit dem Binokular erfolgen, zehnfache Vergrößerung läßt in der Regel alle feinen Details hervortreten. Ein hoher Zeitaufwand und äußerst sorgfältige Vorgehensweise sind und bleiben die Voraussetzungen für eine gelungene Präparation dieser fossilen Schätze und das Aufdecken ihrer fragilen Schönheit.

Abb. 99: Präparation eines Trilobiten (*Chotecops* sp.) mit dem Sandstrahlgerät. Länge 148 mm.
a) Rohplatte. b) Röntgenaufnahme, die die Erhaltung der Beine belegt - die Freilegung erfolgt daher von der Bauchseite. c) Stadien der Freilegung: 1. der Körperumriß wird herauspräpariert (linke Hälfte); 2. erste Strukturen werden freigelegt (rechts oben); 3. nach Abtragen einer weiteren Schicht werden Beine sichtbar (mitte rechts); 4. vollständig freigelegter Körperabschnitt (rechts unten). d) fertiges Präparat (vgl. Abb. 69).

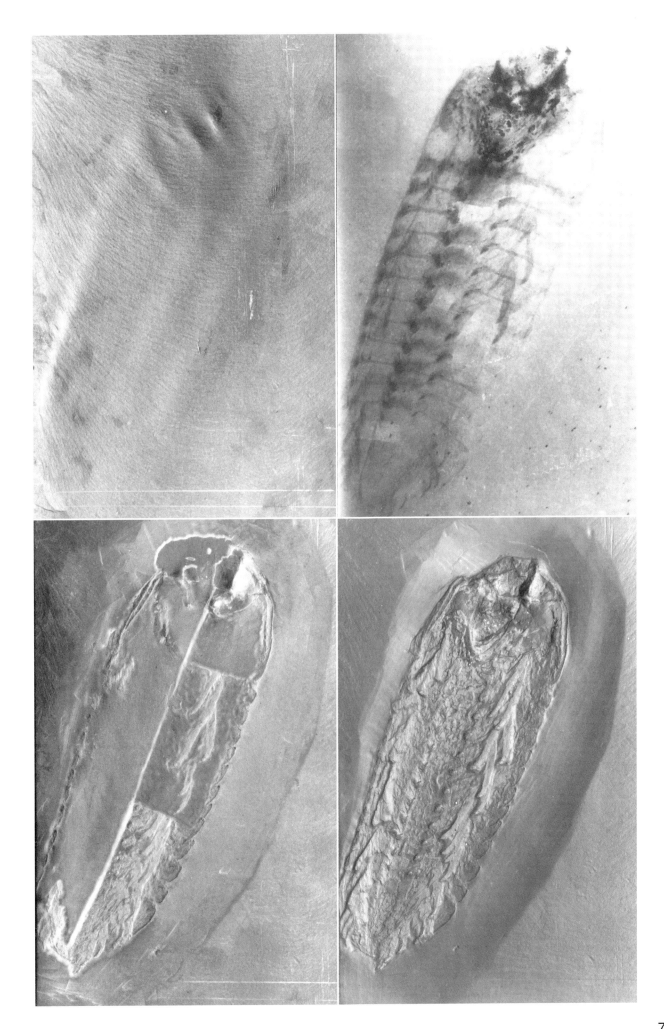

Röntgenuntersuchungen

Ein technisches Hilfsmittel für die Freilegung, Untersuchung und Abbildung des Materials bilden die Röntgenstrahlen. Material unterschiedlicher Dichte durchdringen sie in unterschiedlicher Intensität. So erzeugen sie ein Strukturbild vom durchleuchteten Gegenstand auf fotoempfindlichem Material. Die Röntgenbilder enthüllen dabei oft Strukturen, die auch beim fertig freigelegten Stück dem Auge verborgen bleiben müssen, weil sie sich unterhalb von Panzern oder Schalen befinden oder zwischen anderen Elementen eingeschlossen sind, so daß deren mechanische Freilegung auf jeden Fall die Zerstörung anderer Teile zur Voraussetzung hätte.

So macht die Röntgenaufnahme nicht nur Details sichtbar, die sonst verborgen bleiben müßten, sie gestattet auch eine Zusammenschau aller Elemente der eingeschlossenen Organismen, Teile unter der Oberfläche inbegriffen. Damit entfalten die Röntgenbilder oft eine räumliche Wirkung, die die ästhetischen Qualitäten der Schätze aus dem Dachschiefer noch verstärkt. Die Möglichkeiten der fotomechanischen Vergrößerung der Strukturen kommt dabei dem Blick durch das Mikroskop gleich. Die Röntgenuntersuchung von Fossilien wurde schon kurz nach der Entdeckung der Röntgenstrahlen erstmals erprobt. Zwischen 1963 und 1985 verbesserte und verfeinerte der Erlanger Chemophysiker und Paläontologe Prof. Wilhelm Stürmer die Verfahren und Geräte zur Röntgenuntersuchung von Fossilien entscheidend. Stürmer war Leiter des radiologischen Entwicklungslabors bei Siemens und zugleich versierter Kenner des für die Anwendung der Röntgenmethode besonders geeigneten Hunsrückschiefers. Eine Fülle von wissenschaftlichen Untersuchungen an Material aus den Dach-

schiefern, aber auch Bilder der fossilen Schätze von hohem ästhetischem Reiz entstanden im Zuge dieser Aktivitäten.

Inzwischen ist die technische Ausrüstung W. Stürmers, der 1986 starb, zu Prof. Wolfram Blind an die Universität Giessen gelangt und seit 1993 wieder betriebsbereit. So konnte das neue Fundmaterial, das vor allem unsere Ausstellung bestimmt, auch mit Hilfe der Röntgentechnik untersucht werden. Wiederum entstanden Bilddokumente von nicht nur wissenschaftlich hohem Interesse. Sie dokumentieren auch die unvergleichlichen Kunstformen der Natur, wie sie uns in der Schatzkammer Dachschiefer begegnen, in einer Detailtreue und Unmittelbarkeit, die bis heute keine andere Technik zu erreichen vermag. Eine Reihe dieser Fotodokumente vervollständigt und vertieft den Blick in die Schatzkammer; sie werden in unserer Ausstellung erstmals der Öffentlichkeit präsentiert.

Abb. 100: Röntgenbild des Knospenstrahlers *Pentremitella osoleae*. Die überaus zarten Arme (Brachiolen) werden bis in die feinsten Spitzen abgebildet (vgl. Abb. 59). Höhe ca. 65 mm.

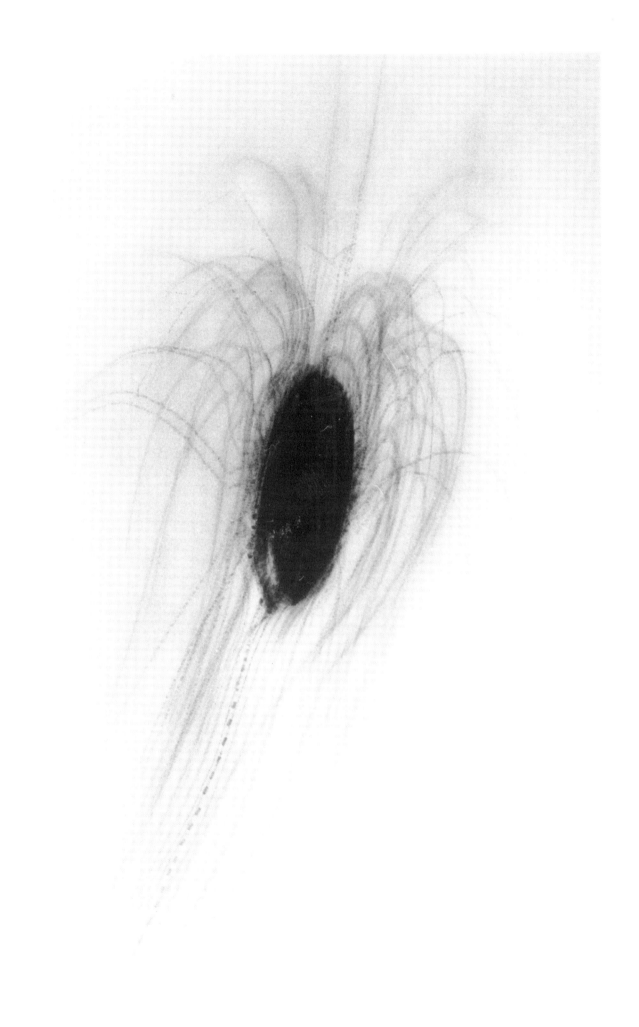

Abbildungsnachweise:

PWL u. PB:
Naturhistorisches Museum Mainz /
Landessammlung für Naturkunde
Rheinland-Pfalz
HS:
Deutsches Bergbau-Museum Bochum,
Slg. C. Bartels
KGM:
Schloßparkmuseum Bad Kreuznach
Rö WB:
Röntgenarchiv W. Blind, Giessen
Rö WS:
Röntgenarchiv W. Stürmer, Erlangen
(heute im Naturmuseum und Forschungs-
institut Senckenberg, Frankfurt a.M.)

———————

Abb. 1:	PWL 1993/353-LS; Rö WB 169
Abb. 2:	NEUFFER et al. (1996)
Abb. 3:	RISTEDI (1994)
Abb. 4:	HS 89
Abb. 5:	DITTMAR (1996)
Abb. 6:	BARTELS, BRIGGS & BRASSEL (im Druck)
Abb. 7:	PWL 1993/342-LS
Abb. 8:	HS 527
Abb. 9:	HS 388
Abb. 10:	PB 1995/983-LS
Abb. 11:	HS 434
Abb. 12:	HS 747
Abb. 13:	PWL 1995/9-LS
Abb. 14:	PWL 1995/247-LS
Abb. 15:	HS 510
Abb. 16:	PWL 1995/41-LS
Abb. 17:	PWL 1993/394-LS
Abb. 18:	HS 63
Abb. 19:	HS 371
Abb. 20:	HS 531
Abb. 21:	PWL 1986/1-LS
Abb. 22:	HS 717, Rö WB 296
Abb. 23:	HS 597, Rö WB 297
Abb. 24:	PWL 1993/377-LS
Abb. 25:	PWL 1994/48-LS
Abb. 26:	HS 495
Abb. 27:	HS 145, Rö WS 12336
Abb. 28:	HS 577, Rö WB 86
Abb. 29:	PWL 1995/245-LS
Abb. 30:	PWL 1994/51-LS
Abb. 31:	HS 164
Abb. 32:	PWL 1996/342-LS
Abb. 33:	PWL 1996/341-LS
Abb. 34:	HS 374
Abb. 35:	HS 413

Abb. 36:	KGM 1983/54
Abb. 37:	HS 136
Abb. 38:	HS 602, Rö WB 1
Abb. 39:	HS 184
Abb. 40:	PWL 1995/33-LS
Abb. 41:	HS 316
Abb. 42:	HS 576
Abb. 43:	PWL 1992/194-LS
Abb. 44:	HS 137
Abb. 45:	HS 578
Abb. 46:	HS 535, Rö WB 22
Abb. 47:	HS 535
Abb. 48:	HS 509
Abb. 49:	HS 129
Abb. 50:	PWL 1995/316-LS
Abb. 51:	HS 572
Abb. 52:	HS 549, Rö WB 24
Abb. 53:	HS 133
Abb. 54:	HS 133
Abb. 55:	PWL 1993/343-LS
Abb. 56:	HS 641
Abb. 57:	HS 573
Abb. 58:	HS 296
Abb. 59:	HS 323
Abb. 60:	HS 533, Rö WB 21
Abb. 61:	HS 285
Abb. 62:	HS 580, Rö WB 229
Abb. 63:	HS 580
Abb. 64:	HS 719
Abb. 65:	HS 219
Abb. 66:	HS 579, Rö WB 89
Abb. 67:	HS 259, Rö WB 8
Abb. 68:	HS 718
Abb. 69:	HS 657
Abb. 70:	HS 216
Abb. 71:	STÜRMER & BERGSTRÖM 1976
Abb. 72:	HS 505
Abb. 73:	PWL 1993/353-LS, Rö WB 169
Abb. 74:	STÜRMER & BERGSTRÖM 1976
Abb. 75:	PWL 1994/53-LS
Abb. 76:	STÜRMER & BERGSTRÖM 1978
Abb. 77:	KGM 1983/269
Abb. 78:	wie 77. Rö WS 2487
Abb. 79:	BERGSTRÖM, STÜRMER & WINTER 1980
Abb. 80:	HS 582
Abb. 81:	HS 437
Abb. 82:	STÜRMER & BERGSTRÖM 1981
Abb. 83:	HS 328, Rö WS 12867
Abb. 84:	HS 328, Rö WB 12867
Abb. 85:	PWL 1994/52-LS
Abb. 86:	PWL 1993/354-LS

Abb. 87:   PWL 1993/354-LS, Rö WB 168
Abb. 88:   HS 574
Abb. 89:   HS 574, Rö WB 168
Abb. 90:   BERGSTRÖM et al. 1987
Abb. 91:   PWL 1993/245-LS
Abb. 92:   HS 546
Abb. 93:   KGM 1983/305
Abb. 94:   GROSS 1961
Abb. 95:   Privatsammlung, o.Nr.
Abb. 96:   GROSS 1963
Abb. 97:   KGM 1983/300
Abb. 98:   KUTSCHER 1973
Abb. 99:   HS 657, Rö WB 213
Abb. 100:   HS 323, Rö WS 12854

Weiterführende Schriften

(hier auch umfangreiche Schriftenverzeichnisse)

BARTELS, C. & BRASSEL, G. (1990): Fossilien im Hunsrückschiefer. Dokumente des Meereslebens im Devon. - 232 S., 194 Abb.; Idar-Oberstein [Museum Idar-Oberstein].

BARTELS, C., BRIGGS, D. E. G. & BRASSEL, G. (im Druck) [erscheint in 1998]: The Fossils of the Hunsrück Slate. Marine Life in the Devonian. - ca. 300 S., ca. 250 Abb.; Cambridge [Cambridge University Press].

Quellennachweise

DITTMAR, U. (1996): Profilbilanzierung und Verformungsanalyse im südwestlichen Rheinischen Schiefergebirge. - Beringeria. Würzburger Geowiss. Mitt., **17**: 346 S., 85 Abb., 15 Taf., 7 Tab., 1 Anlage; Würzburg.

BERGSTRÖM, J., STÜRMER, W. & WINTER, G. (1980): *Palaeoisopus, Palaeopantopus* and *Palaeothea*, pycnogonid arthropods from the Lower Devonian Hunsrück Slate, West Germany. - Paläont. Z., **54**: 7-54, 32 Abb.; Stuttgart.

BERGSTRÖM, J., BRIGGS, D. E. G., DAHL, E., ROLFE, W. D. I. & STÜRMER, W. (1987): *Nahecaris stuertzi*, a phyllocarid crustacean from the Lower Devonian Hunsrück Slate. - Paläont. Z., **61**: 273-298, 14 Abb.; Stuttgart.

GROSS, W. (1961): *Lunaspis boilii* und *Lunaspis heroldi* aus dem Hunsrückschiefer. - Notizbl. hessischen LA: Bodenforsch., **89**: 17-43, 10 Abb., 6 Taf.; Wiesbaden.

GROSS, W. (1963): *Gemuendina stuertzi* TRAQUAIR. - Notizbl. hessischen LA: Bodenforsch., **91**: 36-73, 13 Abb., 7 Taf.; Wiesbaden.

KUTSCHER, F. (1973): Zusammenstellung der Agnathen und Fische des Hunsrückschiefer-Meeres. - Notizbl. hessischen LA: Bodenforsch., **101**: 46-79, 11 Abb.; Wiesbaden.

NEUFFER, F. O., GRUBER, G., LUTZ, H. & FRANKENHÄUSER, H. (1996): Das Eckfelder Maar - Zeuge tropischen Lebens in der Eifel. - 101 S., 137 Abb.; Mainz.

RISTEDT, H. (1994): Das unterdevonische Flachmeer des Rheinlandes als Lebensraum. - in: KOENIGSWALD, W. V. & MEYER, W. (1994): Erdgeschichte im Rheinland: 39-48, 15 Abb.; München (Pfeil).

STÜRMER, W. & BERGSTRÖM, J. (1976): The arthropods *Mimetaster* and *Vachonisia* from the Devonian Hunsrück Shale. - Paläont. Z., **50**, 78-111, 11 Abb., 10 Taf.; Stuttgart.

STÜRMER, W. & BERGSTRÖM, J. (1978): The arthropod *Cheloniellon* from the Devonian Hunsrück Shale. - Paläont. Z., **52**: 57-81, 12 Abb.; Stuttgart.

STÜRMER, W. & BERGSTRÖM, J. (1981): *Weinbergina*, a Xiphosuran arthropod from the Devonian Hunsück Slate. Paläont. Z., **55**: 237-255, 8 Abb.; Stuttgart.